女子校育ち

辛酸なめ子 Shinsan Nameko

★――ちくまプリマー新書
156

はじめに

ある時、「女子校出身者は生きづらそう」と知人に指摘されて、ハッとしたことがあります。思い返せば、共学出身の女性のように、自然体で女を武器にできないというか、女を出すことに抵抗を感じてしまうふしが。中高の六年間という多感な時期に、ほとんど異性と接する機会がなく、女子力を磨いてこなかった影響はかなり後を引いてしまうようです。女子のみの気の置けない環境で批判精神を発達させてきたので、可愛げのない女になってしまいました。ふつうに率直な感想を述べているだけでも「キツい」とか言われてしまいます。もっと女らしく、かわいいものにエモーショナルに反応したり、自然な女性フェロモンを出せれば、ラクに生きていけたかもしれません。でも、そんなデメリットを差し引いても、女子校で過ごした六年間は私にとってはかけがえのないものでした。

祖母、母、妹が全員女子校出身で、母にいたっては女子校教師という、宿縁の女子校一家に育った私は、自然な流れで中学から都内の女子校に進学しました。共学の中学に進学した公立小学校の同窓生からは、小六の時同じクラスだった誰々が中学に入ってから急にかっこよくなったとか、修学旅行で夜中男子の部屋に行ったとか、楽しげな色恋エピソードが聞こえてきて、悶々《もんもん》とすることもありました。でも今思えば、多感な時期に性エネルギーを他のことに向けられたのは良かったです。男子の目を意識していたら、常に緊張して自分を出せないままだったかもしれません。くだらないことでも妄想でも徹底的に追求できるのは女子校の良いところです。進学校での授業についていけなくなった私は、級友の観察記を付けたり、絵を描いたり、新聞を作ったり、学業以外のことに楽しみを見出し、将来の道を模索していました。男子にうつつをぬかしていたら、表現活動に没頭できなかったと思います。

男子の視線が女子を不自由にするということは小学校の時から実感していました。プールの息継ぎの時の必死な顔、授業中気を抜いたまぬけ顔、長距離走で息も絶え絶えの顔……ふと、視線を感じた方を見ると、男子の冷たい視線にぶつかります。「なんてブサイクなんだろう」と、気味の悪い生物でも見るような目。男子のブサイク差別はあまりにも露骨で残酷です。些細《ささい》な欠点で幻滅してしまう男子の幻想を壊さないように、女子は細心の注意を払わなければなりません。そうして中学生のうちに色気づき、活発だった女子も猫をかぶったように大人しくなってしまうのです。

私の通っていた女子校はブサイク蔑視など皆無の野性の楽園でした。皆、第二次性徴の不格好さ全開で自由奔放に自己主張していました。外見に恵まれている級友をうらやましいと思うことはあっても、自分のさえない外見で悩むことはほとんどありませんでした。また、後輩に慕われる先輩も、顔ではなく性格や能力が重視されていました。そのような環境で、多感な時期を伸び伸び過ごせたのは良かったです。おかげでずいぶん恥じらいを失ってしまった気もしますが……。どんなに野性的なスクールライフを送っていても、外部からは「女子校＝お嬢様」というふうに見られがちなのも、気恥ずかしいながら得した気分です。

他に、女子校で得た大きいものは、「女の敵は女ではない」と思えるようになったことです。共学では男子をめぐって女子同士はライバルという認識がありますが、女しかいない女子校では異性の代用として同性に憧れる光景が普通に見られ、そのまま卒業後も女子の良いところを素直にほめたり認めたりできるようになります。これは、その後の対人関係にも役立つように思います。

など、通っている当時は、とくに女子校の恩恵について考えたことがなかったのですが、卒業するにつれ、自分の中の女子校の思い出が美化され、コンソメのように濃縮されていきました。生徒が走り回って騒がしい校舎も、記憶の中では賛美歌の歌声が響く清らかな學舎に、寒くて眠い講堂で早く終われと祈っていた礼拝の時間も、かけがえのない荘厳な思い出に、ハードな口喧嘩も、切磋琢磨《せっさたくま》した美しい友情物語に……年を重ねるごとに記憶の中の女子校への憧憬はふくらむばかりです。

今や「女子校」という単語を聞くだけで胸がキュンとし、街を歩く女子校生の群れを見つけると、その中に自分を投影し、ふらふらとついていってしまい、ハッと気づいて、もう自分は彼女たちのように若くはないことに愕然《がくぜん》とすることがあります。自分は死んでいることに気づいた浮遊霊の気持ちといったら良いでしょうか。なつかしさにかられて、母校の文化祭に行くことがありますが、可愛い後輩たちに悪い虫がつかないか、貞操は守られているか、老婆心が高じて物陰からじっと生徒たちを見ている自分の姿は浮遊霊そのものだと思われます。私の魂の一部はまだ女子校を浮遊しているような気がしてなりません。女子校気分を味わうために、女性専用車両に乗ったり、女子だらけのスピリチュアルイベントや女子ＯＮＬＹイベントに潜入したり、チアガール選手権を食い入るように見たり……卒業証書はもらっても、魂は卒業できていないのかもしれません。

この本は、多数の方々に取材させていただきながら、女子校への高まる慕情や思い出をおりまぜて執筆いたしました。女子校への思いの丈を書き尽くすことで、浮遊霊が成仏することを祈りつつ、少しでも女子校の素晴らしさをお伝えできれば幸いです。

目次＊Contents

本文デザイン／山元美乃（Pri Graphics inc.）

第１部

女子校ワールドへ ようこそ！

中学入学時、
まじめ人間だった頃

1　女子校タイプ別図鑑

女子校出身者は見分けられる？

以前、レディー・ガガはカトリック系の女子校出身と聞いて、なんとなく腑に落ちた感がありました。性を超越した存在感や男性受けを考えない個性的なファッションなど、女子校らしさが凝縮されています。彼女ほど激しい例は珍しいですが、具体的にどういうところが見分けるポイントなのでしょう。

女子校に通っていた二十〜三十代女性数十人に、女子校出身者かどうか第一印象で見分けられるかアンケートで聞いてみたところ、約八割の人が「わかります」と答えてくれました。「話が合う。サバサバしている」「弱々しさがない。女子校出身者は中性的。重い物を持ったり何でも自分でやる」「女慣れというか、女の子を引きつけるツボをわかってて話し上手な子が多い」などの意見には納得です。

一般に女子校に大奥的な陰湿なイメージを抱いている人が多いようですが、実際はその逆で、女子だけで力仕事でも何でもやるのでタフになる傾向があります。見た目の見分け方としては、男性ホルモンの分泌でヒゲがうっすら生えていたり（意外とずぼらでムダ毛を放置）、美人だけれど露出度が低くフェロモンを抑え気味だったり、というのが思い浮かびます。

また、男子をめぐって女子同士ライバル関係だった共学とは違い、同じ女性に敵対心を抱かない傾向にあります。たまに、共学の女性と初対面の時に値踏みするような視線とライバル心の波動を感じることがあり緊張しますが、女子校出身者と初対面の時は比較的なごやかな空気です。同じ匂いがする女子校出身者同士は打ち解けやすいようです。

女子校出身者へのアンケートで共学女子へのイメージを聞いてみたら、「学園祭の盛り上がりなどがうらやましい」「すばらしい理想の世界」「毎日学園ドラマみたいな事がおこりそう。告白したりされたり……恋愛し放題」と憧れの意見が多い反面、「案外、女性同士の足の引っ張り合いが多い？」「男の前で女になれる。変わり身が早い」「男の子の目があると気が抜けない感じ。常にぴりぴりしているというイメージ」というクールな意見も。やはり異性の存在はもめごとの元。女子校では異性交遊ができないのは物足りないですが、六年間、色恋沙汰でエネルギーを消耗しないで、適温の温室でピースフルに過ごすのも良いと思います。

ところで女子校と一言で言っても、さまざまな校風があります。感受性の強い十代の時期、どんな女子校で過ごすかは、人格形成に大きな影響をもたらします。次の項では、都内近郊の女子校を分類しつつ、生態について綴ってみたいと思います。

女子校タイプ別図鑑

都内近郊の有名な女子校を分類してみました。（アドバイザー　ジョニー大倉山）

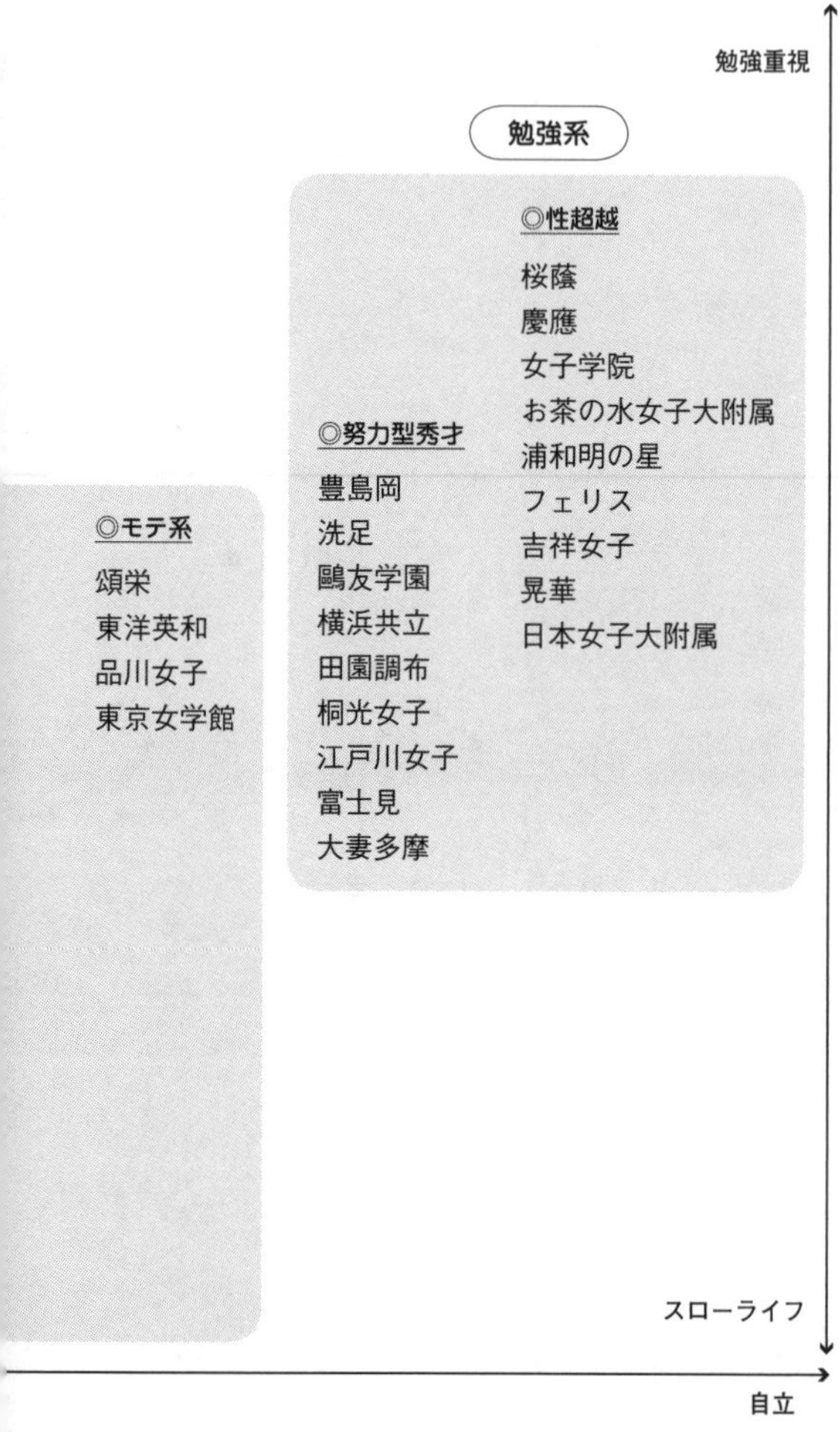

お嬢様系

◎お嬢様

雙葉
白百合
横浜雙葉
湘南白百合
立教女学院
光塩女子
清泉

◎深窓お嬢様

学習院女子
聖心
田園調布雙葉

ニュートラル系

◎良妻賢母

大妻
共立女子
三輪田
実践女子
跡見
昭和女子

◎温室・夢見がち乙女

普連土
香蘭
カリタス
恵泉
東京純心
捜真
山脇
十文字
女子聖学院
聖ヨゼフ
聖ドミニコ
川村
和洋九段
千代田女学園

← 財力継承

深窓お嬢様系

一般人には入りにくい雰囲気（入ったら格差に苦労しそう）な名門お嬢様学校

お嬢様なので皆おしとやかだという印象があるけれど、小学校から上がってきた生徒のうち、活発でスポーツ万能タイプが勢力の中枢に。自然豊かな環境で俗世から隔絶されているので、女子の世界で完結している。華美な成金タイプはおらず、皆一見地味だけれど、よく聞いたら庭師がいたり、お正月は毎年海外だったりして、格差を感じはじめるとつらくなる環境。

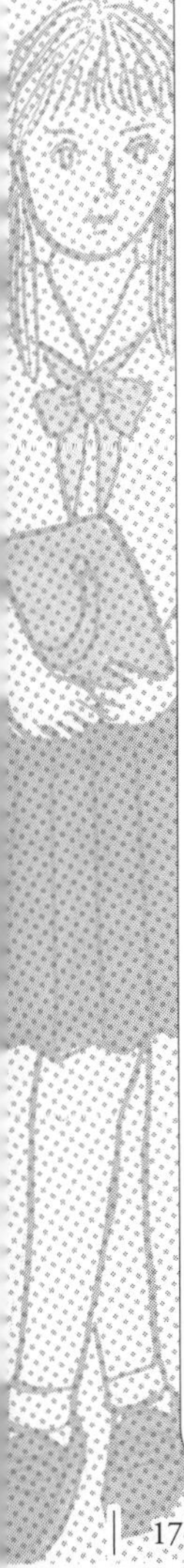

お嬢様系

一般人でも勉強をがんばれば入れるお嬢様学校。厳格な校風での6年間で、お嬢様オーラを身に付けられる

カトリックで校則が厳しく、シスターもいじわるで、小学校から上がってきた生徒がいばっているという、女性だらけの閉鎖的な空間で処世術を磨く。登下校時、制服姿に羨望の視線を浴びるのが快感。「ごきげんよう」という挨拶をする度に、自分たちは俗世の人とは違うんだというプライドを高めている。

温室・夢見がち乙女系

快適な女の園で無理なくリラックスしてスローライフ。カトリックの小規模女子校は、アットホームで温かい空気。神様に見守られ、清く正しく美しく過ごせる

人数が少なくアットホームな雰囲気で、密度の濃い友情を育てる。進学実績も校風もいい学校なのに知名度が低く、人に学校名を言っても大抵知らないのがやや不満。でも、好きな人は熱狂的に好きというマニアックさを持つ。派閥の勢力争いやいじめもなく、まさに温室のような環境で過ごせて、おっとりしたお嬢様オーラが身に付けられる。

良妻賢母系

日本の正しい女性を育てる歴史ある名門校。一見古くても、着実に幸せになれそうな女の道の入り口

古風な校風で、校則も厳しく、親にとっては入れたら安心な学校。でも変わらない校風に甘んじて先生が怠慢になることも……。それを反面教師に、生徒はむしろ自主性を高めている。塾や男子校の文化祭など外の世界ではじけて、青春を謳歌。世間的に良妻賢母な校風というイメージがあってか、彼の親にも評判が良い。

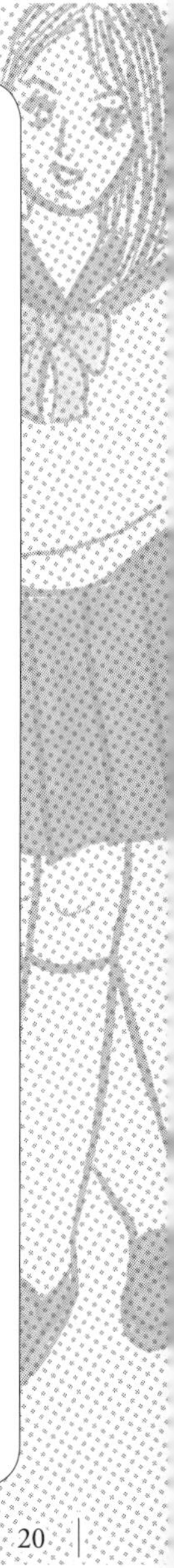

モテ系

いつの時代も男子の憧れである人気の学校。制服が可愛くて、女子校のブランド感を最大限に活用、思春期を謳歌できる

かわいい制服で、男子校の文化祭に行けば声をかけられまくり、街を歩けば男性の視線が集中。女子校なのに男の視線で磨かれて、色気づくのが早い。勉強しまくっても女の幸せは得られないことに中高時代から気づいている。可愛さと制服の着こなしの洗練度でヒエラルキーが形成される過酷な世界で女子力を磨く。

努力型秀才系

勉強好きの才女が集うアグレッシブなキャリア志向の女子校

小学校で成績優秀な学級委員だったような子ばかり集まるまじめな校風。受験予備校のようにシステム化されていて、課題も多い。勉強中毒で負けず嫌いの生徒はさらに中1から予備校に通って、6年間勉強漬け。オタク趣味に走る多芸な子がうらやましい。実は磨けばかわいい子が多いのに、勉強の邪魔になるからと前髪もおろさずおでこを出してストイックに生きている。

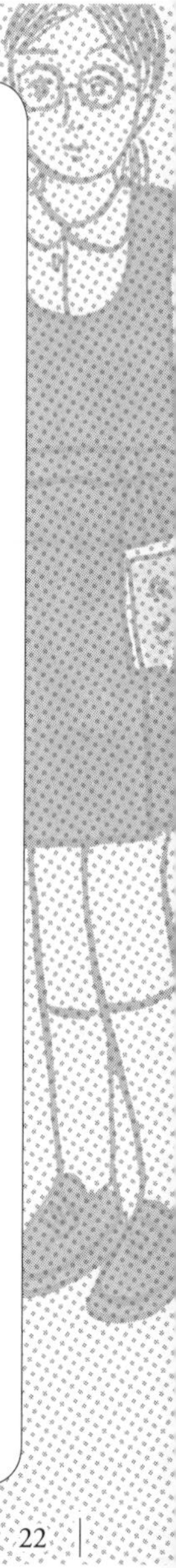

性超越系

勉学や部活に励み、性に目覚めないまま性を超越していく強い女子が育つ。男子のいない共学のような空気

両親は国立大出身で兄や姉も当然のように難関私立から東大という家で、当たり前のように東大進学を期待されている。数学オリンピックに出場する同級生や、小林秀雄を読破するようなアカデミックな女子にまみれた生活はコンプレックスとの戦い。色気づいて外見に気を遣う女子はバカにされる傾向にあり、女を捨てて勉学に励む男子校に近い雰囲気。

2　女子校イニシエーション

女性は環境に適応する生き物……女子校で六年間過ごせば、庶民の娘でもそれなりにお嬢様オーラが身に付きます。ここでは、女子校気分を高めるさまざまなアイテムやシチュエーションを紹介いたします。

お嬢様度

私立女子校に通っているとそれだけで周囲から「お嬢様」というイメージを持たれ、たとえ普通のサラリーマン家庭でも何となくその気になってしまいます。私も、経済的に無理して私立校に通わせてもらっているのにもかかわらず、裕福なクラスメイトの前ではつい虚勢を張ってしまうことがありました。自分のできないこと、やったことがないことをあげつらい、いかに世間知らずかをアピールする、というのは手っ取り早く虚栄心を満たしてくれるお嬢様ごっこです。級友に「ゲームセンターに行ったことがないの」「実はカップラーメンを食べたことがない」などと打ち明けられると、〈これが箱入りお嬢様ってことなんだ!〉と密かに興奮し、「実は私もマッチの火を付けるのが恐くてできないし、顔に水を付けられないの」などと、見当違いな自慢をして、お嬢様にあやかろうとしたものです。

そんなある日、家族旅行で行ったかんぽの宿でたまたま読んだ、「ゆうちょ優秀作文集」的な冊子に掲載されていた聖心女子学院の中学生の作文に、疑似お嬢様体験で調子に乗っていた私は軽く打ちのめされました。他の作文は、親が病死して貧しくなったけれどミカン箱を机にしてがんばって勉強している、というような苦学生の美談が多かったのですが、聖心の子の作文には「おかかえの庭師が庭に新しく池を造ってくれた」という、浮き世離れした貴族的で優雅な世界観が描かれていたのです。自分のお嬢様ごっこなどとても遠く及ばないと完敗しました。

大人になってから気づいたのは、親から子に受け継がれる財産は「知能」のほかに「財力」があるということです。コネ無し実力主義の進学校には、資産家や社長の娘はほとんどおらず、親から「知能」だけを受け継いだ子が通う傾向にあります。彼女たちは卒業後、何のコネも後ろ盾もなく、独力で社会に出ていかなければならないのです。社会の荒波にもまれて働き続け、気付いたらすっかり婚期を逃してしまうことも多いのです。他方、お嬢様学校に通う「財力」を受け継いだ子女は、就職時のコネもあるし、もっといえば働かなくても生きていけるのです。親のつてでいい会社で働いて、よきところでお金持ちの男性と結婚するこ

この図書館の本を読めば、いつどこに出ても恥ずかしくないレディになれます

とができます。

アッパークラスな女子校の最高峰にあるのが、かつて華族学校だった学習院女子。お嬢様学校には定番の「ごきげんよう」が挨拶です。以前雑誌の仕事で取材した時、日焼けして健康的な女学生の放つ文武両道オーラのまぶしさに圧倒されました。真の上流階級は勉強だけでなくスポーツも得意であると体現しているようでした。実際、カリキュラムの中で体育が重視されていて、受験前の一月、二月になっても水泳の授業があるそうです。臨海学校では遠泳、林間学校ではハードな登山に挑戦し、精神を鍛錬します。健康な精神は健康な体軀《たいく》に宿るのです。文化祭を見学に行った時、先生が「社会に出れば体力が重要です」とおっしゃっていたのが印象的でした。生徒達の多くは経済的にも知能的にも恵まれているので、あとは体力をつければパーフェクト人間です。学習院女子にはひ弱なお嬢様はおらず、

社交的でタフでバランスの取れた良家の子女が多いようです。馬術や硬式テニスやフィギュアスケートなど、お金のかかるスポーツが盛んで大きな大会に出る女子もいるそうです。

図書館には料理や礼儀作法についての本が充実（パッと視界に入っただけでも、『ロイヤル・レシピ』『定本日本料理』『江戸風懐石』『テーブルナプキンの折り方』『英国紅茶への招待』他、紅茶の本多数）していましたが、多くは生徒のリクエストによるものだと聞き、フォーマルな場に出ることが多いお嬢様のライフスタイルを物語っているように感じました。家庭科の実習室には、テレビの料理番組さながらのシステムキッチンが備えられているそうで、普通の家に嫁いで普通の台所を前にしたら料理が作れなくなってしまいそうです。

貴婦人を養成する素晴らしい環境ですが、学習院女子の生徒は、他人から「あなたたちは恵まれている」と指摘されるのが一番カチンとくるそうです。全国的な知名度があるため、人に校名を言うと「お嬢様なんだね」と判で押したように言われるのがウンザリなのかもしれません。名のある家のお嬢様ほど、世間のイメージに反発して遊びに励む傾向があるそうです。そんなお嬢様は普段はギャル言葉を使っていてもフォーマルな場ではちゃんとした言葉遣いができたり、字が綺麗だったり、マナーもしっかりしているとか。「本物のお嬢様はど表に出しませんよ」と言うのは卒業生のKさん。初等科からの同級生の中には、松濤《しょうとう》に広い一戸建てがあったり、馬を飼っていたり、先祖が歴史の教科書に載っているような人もちらほらいたけれど、自分から家の自慢をするような女子はいなかったそうです。「人間国宝の壺《つぼ》をもらったんだけど、お母さんが造花を挿しちゃって」とか屈託なく話していても、ブランド物を見せびらかしたりしないのが本物のお嬢様。成金ではない、生まれた時から恵まれている人はそれが当たり前だと思っているのであえて自慢したりしないのです。素晴しいですね。やはり日本には「上流階級」が綿々と続いているのです。

さて、他の女子校でお嬢様度が高いところはどこかというと、妃殿下を輩出した聖心女子学院と田園調布雙葉などが思い浮かびます。しかしこれらの学校の出身者の方は「学校名だけで勝手に『お嬢様扱い』されて、世間知らずのように見られる」ことに困惑しているそうなのですが、庶民からするとうらやましい悩みです。四谷の雙葉も小学校から入った生徒にはかなりのアッパークラス感が漂い、ある大企業の社長の娘は、「みんなのおうちにもヘリあるの?」「みんなはどこに別荘があるの?」などと無邪気な顔で聞いてきたそうです。小学校からつながっている女子校に中学受験で入ると、経済格差のコンプレックスにさいなまれる恐れがあります。

東京女学館出身のYさんは、中学から入学したら、小学校から上がってきた子に「クレージュ（ブランドの）知らないの?」と驚かれたそうです。小学校ではクレージュが流行っており、クレージュの物を持っているかどうかで小学校からか中学校からかが一目瞭然だったとか。他にも、成金趣味と言っても良いくらいお嬢様感をアピールしている生徒がいて、防災頭巾をヴィトンの布で作って来たり、麺類をレンゲ無しで食べたり缶ジュースの缶に直接口を付けて飲んだら野蛮人扱いされたり、「山手線の新宿から向こうは行ったことがないし嫌い!」と公言してはばからない生徒も……。派手な校風のせいか、ブルジョア意識が強すぎるのも困りものです。本物のお嬢様は質素でどちらかというとダサくあって欲しいです。

また、一部の私立校では欧州の上流階級のような社交界を築いています。田園調布雙葉のように他の学校とはほとんど交流がない真の箱入り女子校もありますが、聖心女子学院などは他校と活発に交流していたそうです。例えば、聖心と慶應のコミュニティーは、他の学校の生徒はなかなか入り込めない雰囲気だとか。聖心出身のYさんによると、「聖心の子は、兄弟が慶應というパターンが多かったから自然に知り合えた」とのことで、慶應と聖心の合コンみたいなものもよく催されていたそうです。慶應の男子は、女子を選び放題で、渋谷女子高（当時）の生徒はお持ち帰り用、聖心や白百合の生徒は本命として付き合っていたとか。そんな男子が大人になって、従順な本妻とは別に愛人を作るようになるのでしょう……。男子校から、ブランド校として高い評価を得ている聖心の生徒はプライドが高く、自分の学校が一番という意識を持っているそうです。彼女たちが「日陰の存在」と称する、超難関校、慶應女子高の生徒とはなんとなく仲が悪かったとのことです。大人になってから、コンサバマダムと負け犬ＯＬがお互い相容れないみたいなものでしょうか。女性の種類は、思春期を過ごした学校で決まるような気がします。

聖心出身の人の話を聞いていると、あまりにもアッパーな社交界ぶりに、羨望の念を抱かずにはいられません。話に出た高貴なキーワードを挙げると、「夏は友だちの別荘で過ごす」「オーナーの家族が入れるファミリービジネス会でジュニア同士の交流」「メイドがとりまいている三代目」「卒業後、城山ヒルズに一人暮らし」ｅｔｃ……。

そんな貴族の世界をのぞいてみたくて、人から借りた聖心女子学院の、優秀な自由研究や作文を集めた文集を開いてみました。すると、「我が家の家庭料理」について書いている中学生の作文が目を引きました。『献立　スープアラフェルミエール／スウィーディッシュミンスドビーフディナー』……全く聞いたこともない料理名ですが、上流家庭ではお母様が「今夜のご飯はスウィーディッシュミンスドビーフディナーよ～」とか呼びかけたりするのでしょうか。聖心出身の料理研究家が多いのにも納得です。

続いて、お嬢様度を強く感じたのは、中学生の「もったいないオバケ」という作文です。周りの級友が、ルーズリーフに一文字書き間違えただけで捨てたり、トイレを出てティッシュで手を拭いて捨てたり、あまりにも資源を無駄遣いしているのに気づいた作文の筆者が、そのことを注意していたら「もったいないオバケ」とあだ名を付けられてしまうという話なのですが、その中に出てくるクラスメイトの発言がなかなか浮き世離れしていました。ボールペンを使いきった筆者に向かって、目を丸くして「ボールペンなんて使いきれるの?」「ボールペンなんか飽きたら捨てるもんでしょ」と言い放つお嬢様たち。筆者は中学三年なので、あと三年間はこのような生活に耐えなければならないと思うと、胸中を察せずにはいられません。自分の価値観に合っていない学校に入ってしまったら悲劇です。コンプレックスをばねに何らかの才能を伸ばせるかもしれませんが……。

お嬢様度が高い女子校の生徒は、皆普通に恵まれていて生活レベルが似通っているようです。親も専業主婦で、子どもの頃から「良い旦那様を見つけるためには、良い学校に入って良い就職をしなさい」と言い聞かせていたりするのです。そのため、雙葉学園や白百合学園などのカトリック系お嬢様学校は進学実績がとても高く、その後も大企業に就職していたりするのに、せっかくの頭の良さを生かさずにわざわざ事務の仕事を選んで、高収入の男性を見つけたらさっさと結婚退職してしまう人もいるそうです。経済力の足りない男性と結婚して生活レベルを落としたくない人はパラサイトシングルのまま……。いっぽう、いつまでも働いている人は「いつも何時に寝てるの」「働いていて大変ね」と、哀れまれてしまうのです。学習院女子の卒業生が就職活動していたら、お嬢様育ちの母に「何で就職活動なんてするの？お金が欲しいの？」と問いつめられたとか。多くの学習院ＯＧには「生活のために働く」という感覚はないようです。

このように、女子校によって価値観や生活感覚が違うので、身分不相応な学校に通ってしまったら六年間劣等感まみれになってしまいます。しかしその六年間を耐え忍べば、卒業後、アッパークラスの人脈を作れたことのさまざまな恩恵にあずかることができます。友人の別荘に泊まったり、医者になった友人に体の不調を相談したり、トラブルに巻き込まれたら弁護士の友人に相談したり……遠くの親戚よりも近くの同窓生、秘密結社並に頼りになる中高の友だちは一生の財産です。

お嬢様度

アンケート結果

〈質問〉
生徒の親の職業で特に多かったものはありますか？
●一流企業の管理職、役人、政治家、大臣など（聖心女子学院・20代）●医者とかはけっこう居た気がします（田園調布雙葉・20代）●会社経営、銀行系、医者（学習院女子・30代）●医者、弁護士、会社経営、一流企業サラリーマンがほとんど。マスコミやアパレル系はいませんでした（白百合学園・30代）●「お父さんは社長」という人がとにかく多かった（山脇学園・20代）●やっぱり個人事業主かな（捜真女学校・30代）●仏教の学校だったのでお寺の家の子率が多かった気がします。あとは、自営業、建築関係、花屋、等いろいろ（千代田女学園・20代）●父兄も派手で、実は不動産屋＆水商売の組み合わせが多いらしいです（東京女学館・30代）●中小企業の社長（多摩大目黒・20代）●たぶん普通の会社員（女子学院・20代）●質素で真面目な家庭が多い。そんなにお金持ちの人はいなかった（桜蔭・20代）

〈質問〉生徒の住所で多かったのはどのあたりですか？
●港区、世田谷区、目黒区、大田区など。一人和光市から通って来ている子が目立っていた（聖心女子学院・20代）
●関東全域だけでなく全国から来る。下宿して通っている人もいた（桜蔭・30代）
※駅から遠かったり、行きにくい場所だと、郊外からの通学者が減るのでお嬢様度が高まる傾向にあるようです。

女子校の儀式美

人が女子校について思いめぐらす時、女子校特有の美しく荘厳な儀式のようなものをイメージすることが多いのではないでしょうか。また、女子校で育った人が母校を思い出すときのイメージ美化にも一役買っているのが、伝統の儀式です。

しかし、学校に通っている間は儀式に対して「面倒くさい」という思いが強く、ありがたみはあまり感じません。私も、在校時、先生が「卒業生は毎朝の賛美歌がなつかしいって言うのよ」と話すのを聞いて、作り話だと思っていました。しかし卒業してしばらくしたら、自分も含めて卒業生は賛美歌や礼拝をしきりに懐かしがり、クリスマスになると母校のクリスマス礼拝に参列したり、同窓生の結婚式で「ハレルヤ」を歌って列席者の間に微妙な空気を漂わせたり、カーオーディオで突然賛美歌をかけて同乗者をひかせてしまったりすることも……。

ミッション系女子校の真骨頂的イベントは、クリスマス礼拝です。クリスマス礼拝に参加したことがない人は人生を一割損していると言っても過言ではないくらい、美しく清らかで荘厳なセレモニーです。さらにクリスマス前後は校舎を柊《ひいらぎ》やオーナメントで飾り付けたり、カードを作ったりして、クリスマスムードを盛り上げます。ミッション系女子校で生徒に最も人気の行事といっても過言ではありません。ハレルヤやメサイアなどの荘厳な賛美歌を歌い、暗い中キャンドルの火をともして、キリストの生誕に思いを馳《は》せる聖夜……。美しい歌声と一体化して昇天しそうになっても、ふと現実に引き戻されるのは、献金の箱が回ってきた時。年に一度のイベントなので千円以上入れなければならないという義務感にかられますが、お金の無い中高生にとっては厳しかったです。

私は卒業以来クリスマス礼拝の類に参列していなかったのですが、数年前神奈川のミッションスクールの取材で礼拝を見学していたら、あまりにも美しくてピュアな雰囲気に高揚し、気づいたら生徒と一緒に賛美歌を口ずさんでいました。乙女たちの合唱の声はこの世で最も美しいものの一つと言っても過言ではなく、死に際に頭の中で再生させれば天国に行けそうです。そのクリスマス礼拝中、生徒のプログラムの紙にキャンドルの炎が引火するというアクシデントが起きたのですが、神のご加護によって何事もなく消し止められました。

キリスト教信者でなくても、神の存在を近くに感じられる鳥肌もののクリスマス礼拝。カトリックの女子校では、クラスに何人かいるクリスチャンの生徒は特別な白いベールを身につけ、マルガリータとか洗礼名で呼び合っている姿が羨望の的になるそうです。プロテスタント系、聖公会の立教女学院では、クリスマス期間中、中庭の大きなもみの木がライトアップされるという小粋な演出が。七十年以上前に建てられた聖マーガレット礼拝堂で行われるクリスマス礼拝は中世にタイムスリップした錯覚を起こしそうなほど雰囲気があり、卒業後夫を連れてくる人も多いそうです。クラシカルなチャペルで処女の歌声を聞いたら、夫は、自分の妻はなんて素晴らしい名門校育ちのお嬢様だったのかと感動し、惚《ほ》れ直すことでしょう。ただし、ここのチャペルで結婚式をあげるとかなりの確率で別れるというジンクスがあるそうです。（神様が嫉妬するのでしょうか……）

ところで、以前、立教女学院を取材した時、チャペルやレンガの校舎や枯れ葉舞う小道に感動し、女性教師に、「校舎も雰囲気があってすごい名門感ですね」と話しかけたら「ふっ」と鼻で笑われたことがありました。生徒はまだその価値を実感していなくても、先生方にはかなり名門校のプライドがあると拝察いたしました。卒業生のEさんによると、先生の方が世間的なブランド感にこだわりを持っていて、「見栄えが悪くなるから」という理由で学校にはエアコンはないそうです。チャペルにはパイプ型の暖房があるのですが、そこに足を押しつけてヤケドするという惨事が起きることも……。立教女学院に限らず、広い講堂は冷暖房があってもほとんど効き目がなく、過酷な状況の中、生徒たちは神に祈りを捧げます。

そう、念願のクリスマス礼拝にいたるまでは、寒い日も暑い日も朝早くから礼拝してきた積み重ねがあるのです。女子校によっては、無宗教なのにクリスマスだけ儀式を行いハレルヤを歌うところがありますが、そんな、いいとこ取りの都合の良い話はありません。毎日の地道な祈りと黙想の時を経てこそ、敬虔《けいけん》な気持ちでクリスマスを祝うことができるのではないでしょうか。例えば普連土学園では、週に一回「沈黙の礼拝」というものがあり、二十分間ひたすら黙って自分の内面と対話するそうです。「その時は辛くても大人になれば良い思い出です」と卒業生のAさんは話してくださいました。「礼拝を通してキリスト教文化を知ることができたのは良かった」とは、白百合の卒業生Tさんの談。当時はどんなに大変でも、過ぎてしまえば全て美しい思い出です。

さて、ミッションスクール以外では女子校にはどんな儀式があるのでしょう。特色があるのは、豊島岡女子学園の「運針」です。毎朝八時十分から五分間、心頭を滅却し目の前の白い布を赤い糸で真っ直ぐ縫っていきます。縫っては糸を抜き、縫っては抜きの繰り返しで、早い人は概算して三メートル以上いくそうです。文化祭では、クラスの代表者が、速さと縫い目の美しさを競い合う運針リレーというイベントもあり、出場者の縫い目はミシンのように整然としているそうです。「何も考えず無心になれます。集中力もついた気がします」と、卒業生のKさん。ただ、一度不真面目モードになってしまうと、直線ではなく自分の名前を縫ったり、一ミリのやたら細かい目を縫ったり、遊んでしまうそうです。

他に、実益がありそうな儀式というと、十文字学園の自彊術《じきょうじゅつ》が思い浮かびます。大正時代に創案された健康体操で、体が強くなり集中力もアップするそうです。ちなみに私の祖母がここの卒業生なのですが、ほとんど病気をせず、家族の誰よりも元気そうです。ＹＯＵ、坂井真紀など、有名人のＯＧも、タフな印象。卒業生の健康実績をアピールすれば人気急上昇しそうです。

さらに、女子校らしい儀式といえば、体育祭のダンスが思い浮かびます。女子校の体育祭のプログラムは、激しい競技と優雅なダンスが交互になっているので見ていて飽きません。全国女子校体育祭ビデオコレクションを出したら売れそうです。多くの女子校では、体育祭で代々受け継がれてきた伝統のダンスを踊ります。例えば山脇学園の中三生がポールを中心にリボンを持って踊るメイポールダンス、東京女学館の高三生がセーラー服で踊るフランス宮廷風のカドリールなど……。東京女学館では、このダンスが下級生の憧れとなっているそうで、出演する高三生も気合いが入ります。桜蔭学園でも、高二が踊る「みのり」という伝統的なダンスがあり、ブルマ姿で感涙にむせびながら体をうねらせ、稲穂の実りを表現します。東京女学館でも、カドリール中に中高六年間の思い出が読み上げられ、皆泣いてしまう

メイポールダンス。リボンを持って閉じたり開いたり……ガーリーなダンスです

そうです。演出がここまでくると、もはやわざと泣かせようとしているとしか思えません。感情を豊かにさせる情操教育の一環でしょうか。

クリスマス礼拝、ダンス、体育祭、文化祭の発表と、女子校のセレモニーは涙がつきものです。といっても、多感な思春期の女子があまり泣きすぎ、感動しすぎると、集団ヒステリーのようになってしまいます。聖心女子学院の姉妹校の人は「高二の夏合宿のとき、あまりに感極まって全員で神様に懺悔《ざんげ》しながら号泣し、皆で抱き合ったりした」経験があるそうです。過度のセレモニーは、かえって毒です。理性と感情のバランスを保つためにも、儀式は年に数回にとどめるのが良いのかもしれません。

儀式

アンケート結果

〈質問〉

一番美しい思い出となっている行事を教えてください。

●入学式や卒業式では昭憲皇太后から賜られたお歌を歌います。また、120年続く附属戦（筑波大附属VS学習院）を応援に行くのも盛り上がります（学習院女子・20代）●クラス対抗の合唱祭。朝練とか毎日やってました（白百合学園・20代）●高１と高３のときにあった「修養会」。野辺山で２泊３日、ひたすら「神」とは「生き甲斐とは」などカタいテーマについて、徹夜でディスカッション。……まじめでした（恵泉女学園・30代）●体育祭。千駄ヶ谷の東京体育館で室内徒競走。ブルマ着用でクラスメイトや人気のある先輩の応援でキャーキャーしていました（多摩大目黒・20代）●高３が体育祭で踊る「御神楽」という踊り。赤いねじりハチマキで髪の毛はアップ、腹巻きをつけ、大きな扇を手に持ち、クルクル回す技を炸裂させます。このために半年間練習するので思い出になります（田園調布学園・20代）●創立者成瀬先生のお墓に黄色いフリージアを捧げ、死んだ創立者の機嫌をとる（日本女子大附属・20代）●入学式で雪が降り、校庭に降り積もった雪の上に「祝入学」と先輩が書いてくれたこと（女子学院・20代）●泊まりがけの修養会で、自分の思いを発表するうちに、感極まって泣く人が続出（女子学院・30代）

制服おしゃれ

女子校ブランドを作り上げる大切な要素の一つが、制服です。中学・高校受験ガイド『有名私立女子校&共学校』（学研、二〇〇五年度版）のアンケートによると、人気の制服ランキングベスト五は、慶應義塾女子高、頌栄女子学院、青山学院、東京女学館、一位は品川女子学院だそうです。うち、セーラー服は東京女学館のみ。ブレザータイプの方が、いろいろな着こなしができるので人気が高いようです。品川女子学院の制服がここまで有名になったのは、広末効果も大きいのではないでしょうか。写真週刊誌に、たびたびキャメル色のブレザーを着た広末の登下校姿が掲載されると、広末の可愛さで制服がかなり引き立って見えたものです。品川女子学院の偏差値が急に上昇していたのも、陰に広告塔としての広末の存在があったからでしょう。ちなみにネットオークションでは品川女子学院の制服はかなり高値で売買されていて、「冬物制服セット」は十五万八千円で落札されていました。同じく制服人気校・東京女学館の場合は、スカーフだけで二万円で取引されていました。男性にとって女子校の制服は、妄想をかきたてる憧れのマストアイテムなのでしょう。アイドルが実在の女子校の制服を着る写真集はかなり売り上げが良いと聞きました。

しかし、そんな手の届かない輝きを放っている女子校制服も、「クリーニングに出すのが面倒で、月に一度くらいしか洗わずシミがついても平気で着ていました」（学習院女子）、「冬は制服の下にジャージをはいたり、夏はスカートをクーラーにかぶせて涼んだりしました」（桜蔭）、などという現実的な話を聞くと、よりいっそう体温を感じて、男性ならクラっときそうです。制服の苦労について聞いてみると、セーラー服の場合、たいていスカートはジャンパースカートのように上下がつながっていて、セーラー服の裾《すそ》やワキから地肌や下着が見えないようにガードしているそうです。デザイン的に寸胴の幼児体型に見えてしまうのが悩みで、対処策として腰のところをベルトで巻いてウェストをシェイプすると共に、スカートを持ち上げ丈を短くする、というテクニックは、雙葉、白百合、東京女学館、東洋英和、学習院女子など、どこのセーラー服の学校のOGにも聞いた話です。男性にはこの小細工を見られるわけにはいかないので逆に貞操帯の効果もありそうです。ブレザーの女子校はなんとなく遊び人で発展家のイメージがあり、セーラー服はおおむね処女率が高そうな気がするのは、こういう裏事情のせいかもしれません。

制服が生徒の気風に及ぼす作用は大きく、桜蔭や東京純心女子のようにダサいと言われている制服に身を包んでいると皆あきらめモードで謙虚で貞淑な性格になるようです。田園調布学園OG、Tさんも、「渋谷は女学館や東洋英和の場所で、ダサい制服の自分たちはムリ。

冬の制服はカラスみたいで、中学の夏服は毒キノコ。ビジュアルでがんばっても制服で殺されます」と話していました。制服がダサいという劣等感が高じて「自分はここにいる人間ではない」と思うようになり、受験で発奮、進学実績も良いとか。親にとっては、ダサい制服で青春をあきらめて真面目に勉学に励んでくれた方が安心かもしれません。

超人気制服の東京女学館では、修学旅行などで地方に行った折、厳寒の季節でもコートを着用せず、田舎町でわざと白い制服を見せつけるように着て歩いた生徒もいたそうで、制服に誇りを持ちすぎるのも露出狂一歩手前で危険です。そういえば、女学館の文化祭に行って京都修学旅行の写真展示を見ていたら、「セーラームーンの衣装に似ているから一緒に撮影してくださいと韓国の観光客に頼まれました」という写真が出ていました。リボンの結び方やスカートの短さなど、言われてみれば良く似ています。セーラー服の可愛さを追求するとアニメキャラに行き着くのでしょうか。ちなみに、制服の衿《えり》を立てると、彼氏募集のサインだという伝説がありますが、さすがにやってる人はいないそうです。

可愛いのに生殺し状態なのが白百合のセーラー服。学校に着いたら、汚れないように大切なセーラー服をロッカーにしまい、シャツに着替えて上から「タブリエ」というスモックのような校内着を着ます。「みんなで着るとハリー・ポッターみたいです」と、学校説明会で中一の生徒が話しているのが聞こえました。今はハリー・ポッターのおかげで、そうポジティブに解釈することもできますが、せっかくの制服が登下校だけの一日数時間の楽しみというのももったいないです。制服に着替えた時、学校では抑えつけていたガーリーフェロモンがあふれ、男性を刺激して痴漢に遭遇する危険も高まりそうです。

いっぽう、ブレザーで人気なのは頌栄の制服。道を歩いていて「可愛いー!」と言われることもよくあるそうです。ブレザーとチェックのスカートという組み合わせを日本で初めて取り入れたというプライドがあり、品川女子学院、江戸川女子などのフォロワーは亜流に見えてしまうとか。公立のテロテロした紺の制服にいたっては、不憫《ふびん》に感じていたそうです。「あまり可愛い子はいないのに、最先端の制服を着ると二割増になります」(卒業生・Sさん)というのは、学校案内のパンフレットでモデル生徒の瞳孔が開きまくっているのを見て納得しました。「ずっと着てると飽きる」というのは贅沢《ぜいたく》な悩みです。

では、制服なしの学校は飽きがこないし自由でよいと思いきや、それなりに苦労が多いようです。制服を着ていないと女子高生としての価値を自覚できず、恩恵にもあずかれず、はじけきれなかったり、浪人生と間違われるというマイナス面があります。また、私服だとお金もコーディネートの手間もかかります。女子学院のように、服装に構わない、おしゃれに目覚めていない生徒が多い学校は比較的ラクですが、おしゃれに関心を持つ子が主流だと、熾烈《しれつ》なおしゃれ戦争が繰り広げられることになります。

卒業生のEさんによると、立教女学院は、読んでいる雑誌やおしゃれの趣味ごとにグループに分かれ、グループの中でも牽制《けんせい》のし合いだったとか。寝起きにつかんだ物を適当に着てくるようなオタクや地味グループは蚊帳の外で、最も外見に気を遣うのが、ギャル系とオリーブ少女系だそうです。オリーブ少女系ではZUCCA、APC、ケイタマルヤマなどのブランドが人気で、同じ服を着てしまったことで険悪になった子や、皆が憧れていた六万円もするカーディガンを着てきたらクラスメイトがワーッと集まって取り囲んで「ケイタマルヤマだ！」とはやし立てたため、泣いてしまった子など、私服が人間関係をよりいっそう複雑化させていました。いっぽうギャルグループは、アルバローザ系の露出度の高い服を格好よく着こなすためにダイエットに命をかけ、小さいデザート入れに一口サイズのお弁当を食べながら、「○○ちゃん、もっと食べなよ」と、お互い食べ物を押しつけ合い、その心労でますますやせて三十キロ台になっていったそうです。傍目《はため》から見たら仲が良くても、裏ではライバル心に燃えていて、おしゃれで可愛い子同士、「○○ちゃんの方が可愛いよ」「ううん、△△ちゃんの方が可愛いよ」と一日中ホメ合い、牽制し合うという恐ろしい場面もあったとか。

Eさんに卒業アルバムを見せてもらったら、脚が細い子が八割以上で驚きました。外見に対する意識が高いことがビンビン伝わってきます。「おしゃれのこと以外では、ギャル系の子も優しいし、オタクの子とも打ち解けあって皆仲良かった」そうで、熾烈なおしゃれ社会で波風を立たせないためには「おしゃれになりすぎず、かといってヘボくない物を上手に着こなす」術が自然と身に付くようです。しかし、オリーブ系やギャル系、キューティ系など個性が豊かだったのは今の三十代前後までで、最近は、ブレザーにプリーツスカートという制服風コーディネートがほとんどだそうです。決められてないのにわざわざ制服じみた格好をするというのは、若い世代がどんどん保守的になっていることのあらわれかもしれません。

制服クイズ

・　・　東京女学館

・　・　品川女子学院

・　・　頌栄女子学院

←こたえは次ページに

女子校の掃除事情

少し前に、最高学府・東大の敷地内をブラブラしていたら、部室みたいな一角に行き当たりました。汚れた洗濯物が山のように積み上がり、誰にも洗われないまま放置され、あたりには粗大ゴミが爆撃にあったかのように散乱していて、目も当てられないほどでした。一瞥《いちべつ》した瞬間、エリートとして将来を嘱望され親の期待を一身に受けてきた彼らは、これまで勉強さえしていればよくて、「掃除しろ」とか言われたことがないのだろうと感じました。

女子校も、掃除をしっかりやる学校と、適当な学校の二つに分かれています。進学校系は掃除よりも勉学というところが多く、桜蔭出身のOさんによると、廊下と教室は当番制だったもののおおむね適当な感じだったとか。そういえば女子学院でも、放課後の掃除はホウキで目に見えるゴミをはき集める程度で特に先生のチェックもなく、一番つらいトイレ掃除に至っては専門業者がやってくれました。そのため夏の合宿で初めて共同トイレ掃除をした時、女の臭いに息が詰まって倒れそうになったことが……。卒業後、一人暮らしを始めたのですが、掃除のやり方がわからず、掃除の習慣もないので放置していたらあっという間に片づけられない症候群の部屋になってしまいました。前述のOさんもその気があるとのことで、学校のせいにするわけではないですが、中高の六年間でしっかり掃除の習慣を付けてくれたな

こたえ◎上から頌栄女子学院、東京女学館、品川女子学院

ら、今よりまともな住環境をキープできたに違いありません。白百合出身の母が時折狂ったようにトイレの床を磨いているのをぼーっと見ているだけではなく、掃除のやり方を習えば良かったと悔やんでも後の祭。温室のような女子校でつらい仕事から守ってもらっていても、いつかは一人で直面しなければならない問題なのです。

そんなつらい仕事を進んで生徒にやらせる女子校があります。「マリアさま いやなことは私が よろこんで」という嗜虐《しぎやく》的な学園標語を掲げている東京純心女子です（勝手に掃除御三家の一つと命名させていただきます）。「受験前に標語の行間を読めば良かったです。あんなに掃除ばかりやらされるなんて……」と当時を振り返るのは卒業生のＩさん。発作的に彼氏の部屋をピカピカにしてしまうことがあるそうで、六年間で刷り込まれた掃除精神は今も息づいています。いたるところに建っているマリア像が、生徒がちゃんと「いやなことをよろこんで」やっているか目を光らせています。中でもきついのはトイレ掃除。週番で回ってくるのですが、終わった後必ずシスターがチェックしに来て、なんと直接便器を手で触るそうです。さらには、「あなたたち、これをなめられるの?」と厳しく追及されることも……。いたいけな中学一年の女子にとってはショッキングでトラウマになってもおかしくない質問ですが、もっといえばそういうフェチになってしまう危険もはらんでいます。「ゴム手袋を付けても、汚水が中に入ってきてしまうんです。あの気持ち悪い感覚は今でも覚えてますね」とIさんは当時を思い出して眉をひそめました。生徒は素直で掃除をさぼる人は皆無だったとか。しかし高い学費を払わされたうえ掃除までさせられるとは、腑に落ちない感じもします。女子校の便器はサイズが小さいので、はみ出しがちなのですが、もちろんそれも雑巾でふき取らなければなりません。「今でも、家のトイレを掃除している時、シスターの『なめられるの?』という声が頭の中で響くことがあります」と、Iさん。しかし、部屋が汚れるままの身からすると、掃除の習慣は一生の宝物であるように思われ、うらやましいかぎりです。

掃除御三家のもう一つは、白百合です。カトリック系女子校は掃除を推奨する傾向にあるのでしょうか。ここでは掃除は「女性としてしなければならない一つの義務」とされていたそうです。放課後に一時間かけて念入りに掃除をして床をツルツルにすると、終了後はシスターがやってきて、昔の昼ドラの姑のように、窓の桟《さん》を指でさっとぬぐって埃《ほこり》チェックをするそうです。チェックが通らないと家に帰れません。掃除の後には反省会もあります。

ところで白百合でもシスターは、「トイレはなめられるくらい綺麗に磨きなさい」とのたまわれていたそうです。修道女界において「トイレ」と「なめる」というキーワードがセットになっていることに、一抹の変態性を感じます。と同時に、カトリックの女子校はシスターを適材適所で使うのがうまいように思います。「トイレがなめられるのか」と男性教師が問いかけたら問題になりそうですが、浮き世離れした存在であるシスターが言うぶんには生徒も違和感なく受け入れてしまいます。卒業生のYさんによると、白百合の生徒も真面目で掃除をさぼる人などいなかったとか。まるで毎日が大掃除のような全力投球を要求されたそうです。その結果、普段からトイレや教室を綺麗に使おうという、模範的な美化精神が芽生えてきたとか。

掃除御三家の最後の一つは、田園調布学園です。なんとこの学園では、創立者が銅像の姿で永遠に掃除をし続けているのです。銅像の先生は、モップを持ち足元にはバケツが置かれ、おそれ多くも校舎脇の広場で掃除されています。その像を「ほら、先生も掃除なさっているでしょ」と指し示せば、生徒もおとなしく掃除せざるを得ないとか。生徒たちは「あいつのせいだ……」と、時には恨みがましく銅像をにらみながら、便器に手をつっこんで拭いたり、学校前の歩道までホウキではき清めたりと、環境美化に努めます。中学に入学してすぐに家庭科の授業でかっぽう着を作り、掃除中はそれを着用するという用意周到ぶり。全ての道は掃除に至るのです。「掃除はきちんとできる自信があります」と言う卒業生のTさんがまぶしいです……。

先ほど高い学費を払って掃除させられるのは理不尽だと申しましたが、親にとってみれば、娘が家の掃除をしてくれるようになるので、投資としてちゃんと見合っているような気もします。もし自分が将来親になることがあったら、掃除精神をたたき込んでくれる学校を選びたいと切に思いました。

女子校プレゼンテーション

子どもの数が減っていることもあり、どこの女子校も生徒集めのための広報活動に積極的です。ここでは、受験生親子向けのイベントを検証して行こうと思います。

◎合同説明会

さまざまな女子校が集まる合同説明会では、学校の特色が際だって見えてきます。

ある日、駅ビルの催事場で行われた合同説明会に行くと、各学校の先生がテーブルにずらっと並んで、親子連れが個別相談の順番待ちをしていました。一人で行ったのでさすがに列に加われず、各学校の展示品を鑑賞することにしました。

見ていく内に、展示品のセレクションで、その学校が良妻賢母型なのか、それとも自己追求型か、だいたい方向性がわかってきました。

良妻賢母型は、以下のような作品を展示していました。

恵泉女学園——生徒の作った絵本作品
実践女子学園——中三生徒が作ったお弁当をかたどったおもちゃ
跡見学園——野菜を彫刻した作品

東京女子学院――野菜の彫刻、アルバムの飾り付け
など、家庭的な作品を見ているだけでエストロゲンが分泌されそうです。これらの学校のOGは皆、幸せな家庭を築いているに違いありません……。
例外として、
田園調布雙葉――環境問題についての自由研究
というのは、けた違いにお嬢様すぎるため家族愛を飛び越えて、もはや日本の民衆への博愛のレベルに達してしまっているのかもしれません。
いっぽう自己探求型と思われるのは、
女子聖学院――つぶれた缶をコラージュした絵と額縁
普連土学園――十五秒CMを作る
頌栄女子学院――箱の中の3D作品
吉祥女子――本格的すぎる絵本
など、これはこれで楽しく濃い学校生活を送れそうですが、思春期の葛藤が生まれ、激しい反抗期となって父母は苦労するかもしれません。
このように、さり気ない展示品から隠れたメッセージを読み取ることも学校選びにおいて

は重要です。

◎生徒によるオリエンテーション

夏のある日、大手進学塾主催の説明会に行ってみました。こちらのイベントは、先生ではなく入学したばかりの中一の有志数人が、自分たちの学校について説明してくれるという趣向です。受験生のお子さんがいる友人に連れて行ってもらいました。中一といえば、入学したばかりで得意の絶頂にあると思われます。入学して数ヶ月経ち、そろそろ校風に染まり始めている頃ではないでしょうか。

果たして、入場を校庭で待っている時、上から女子生徒数人の叫び声が聞こえてきました。

「女子学院に来てくださーい‼」

さすが、自由で活発で個性あふれる女子学院の生徒……。その自己主張力が社会に出て煙たがられないことを老婆心ながら祈りつつ、会場に入ると、さっそく廊下に跡見の女子が三人並んで「ごきげんよう！　ごきげんよう！」と連呼し、来場者に挨拶していました。挨拶は、父兄が最も重視している点です。彼女達は先生から言われてイヤイヤやっているのではなく自らの意志で挨拶パフォーマンスをしているのがポイントです。素直な女子はその学校にふさわしい生徒を演じているうちにいつのまにかアイデンティティの一部になってしまうのでしょう。　何校か気になる女子校の生徒に話を聞いてみました。

超難関進学校、桜蔭は目が切れ長で賢そうな生徒が多い傾向にあり、仏の半眼のようにクールで悟りきった印象です。「将来の夢は？」と一人の女子に聞いたら「まだ決まっていません」、「親の職業の傾向は？」と聞いたら「両親がお医者さんという人が多い」とのことでした。ちなみに各学校についての母親アンケートも展示されているのですが、桜蔭の母親たちの書き文字は「書き方」のお手本のように完璧できれいでした。母親も高い知能を持ち、知的産業に従事しているのがうかがい知れます。

続けておそるおそる「ギャルはいますか？」と聞いたところ、「スカートがすごい短くてピアスを空けている人はいますが、いけないことですよね」と微笑みました。「流行っているキャラクターグッズはありますか？」と尋ねると「わかりません」と浮き世離れした答え。真面目すぎ、優等生すぎます。ダサいと評判が芳しくない制服について意見を聞いたら、やや表情を曇らせたところに、若干年頃の女子らしさが感じられました。ちなみに生徒の学校生活アンケートによると「制服も『ださっ。』と思うかもしれないけどセーターを着ちゃえば大丈夫‼」だそうです。

桜蔭の次位に勉強好きの女子が集まるのが豊島岡。毎朝、運針して精神を統一する習慣が有名です。メガネっ子が多い豊島岡生に話を聞くと「勉強は厳しいです」「宿題は毎日出ます」とのことでした。塾に行かなくても大学受験に備えられる希有《けう》な学校です。ちなみに、ある豊島岡生は、入試会場で直前まで運針して心を落ちつけて試験に臨み、見事東大に合格したそうです。もしかしたら、運針姿に恐怖を抱いた周りの受験生が動揺して皆不合格になったせいかも……。一種の心理戦なのでしょうか。いずれにせよ賢いことは間違いありません。

幼稚園から大学まである名門お嬢様校、東洋英和の女子は中一にして華やかなオーラを発散していました。制服がかわいい上、六本木という超アーバンスクールライフ。掲示されている学校生活の写真にも、寮は「軽井沢」にあって、行き帰りのバスは「ベンツ」だと書かれていましたが、ブランド感をやや鼻にかけている印象も否めません。生徒は、まるで女子アナのようにそつがなく、「がんばってくださいねー」と余裕の笑顔を見せていました。政治家や芸能人の娘が多いというのも納得です。この学校に六年間通えばかなりのセレブ感を満喫できそうですが、鼻持ちならないスノッブ女に育ってしまう危険も否定できません。

浦和明の星女子は、埼玉随一の名門女子校。あどけなくて明るくて素直な年相応の女子生徒の様子に安心しました。元気すぎて学校の壁を壊してしまった生徒もいたそうです。しかし、受験日が一月と早いので、都内の学校の滑り止めにされがちで、「第一志望ではないわよね？」と生徒に心ない質問を浴びせている無神経な受験生の母親もいました。埼玉の星である彼女たちには、コンプレックスをバネにして素敵な女性に育ってもらいたいです。

中学校では六十人しか募集しないお嬢様学校、白百合の女子は、校風に恥じない良家の子女を完璧に演じていました。「みなさんとっても明るくって仲が良いです」と言う声は、か細く、地声ではなさそうです。「最初は慣れなかったけれど、今では普段でもごきげんようって言葉が出てきます」と、育ち盛りの中一とは思えないウィスパーボイスで続けます。「〇〇ですけれども」など、言葉遣いがとても丁寧で、学校の躾《しつけ》が数ヶ月で効果をあらわしているようでした。彼女は最後はうつむいて恥ずかしそうに「ぜひいらしてください」と微笑みました。実は普通のサラリーマン家庭出身でも、六年間通ううちに、人に一目置かれ、丁重に扱われる気品を醸し出しそうです。

どの学校の生徒も、入学してまだそんなに時間が経っていないのに、それぞれの校風に染まりつつあるようでした。女子にはもともと変身願望が備わっているからかもしれません。女は皆女優、という言葉をこんな所で実感しました。

（二〇〇四年取材）

桜蔭学園文化祭レポート

もよりの水道橋駅に着くと、まじめそうな母と桜蔭志望の小学生女子が何組か歩いていました。その内の一組とすれ違った時、少女が一点見つめて「二酸化炭素…窒素…〇・三パーセント…」などとつぶやいているのが聞こえ、戦慄《せんりつ》を覚えました。歩いている時間も惜しんで勉強とは、さすが東京一、いや日本一賢い女子校を目指す受験生です。他の受験生らしき女子を見ると、スコッチハウスのチェックのスカートに白かブルーのシャツ、という優等生的な装いが多く見られました。親に気に入られる良い子でいたいというより、良い子を演じて波風が立たないように生きていたい、という、頭の良い子ならではの処世術を感じました。

文化祭は女子校の文化祭特有の華やかさや浮ついた感はほとんどなく、パンフレットも薄くて簡素、参加団体も少なめでした。クラブ活動単位での参加がほとんどで、個人参加は模擬店やお化け屋敷など、十団体未満。お化け屋敷といっても、並んでいるのは小学生ばかりで、フィーリングカップルなどの出会い系は皆無でした。男子校生の姿も、開成ＢＯＹがチラホラいるくらいで、ほとんど見られません。

そんな中、静かな熱気を感じたのは、理系のクラブの発表です。「サイエンス・ストリート」と名付けられた一角は、廊下に「光について」の発表が張り出されていました。「放物線の

基本性質　点Pが放物線上のどこにあっても、定点Fからの距離PFと定直線gからの距離PHは等しくなります。つまり……」などと綺麗な字で書かれた模造紙が両側から迫ってきて、これは女子と仲良くなりに来た男子にとってはかなりいたたまれないものがあります。点PとFの距離ばかり計算していても男女の距離は縮まりません。科学の公式というのは男の劣情を萎《な》えさせる絶好の貞操帯かもしれないと思いました。

サイエンス・ストリートの両側の教室では、物理、化学、生物、数学、天文気象などの部活がしのぎを削っています。しかし、本来は放課後の楽しい気分転換であるはずのクラブ活動なのに、なぜこの期に及んでまで化学や数学などの勉強を……？　と凡人の疑問を抱きながら数学部の教室に入ると、信じがたい光景が広がっていました。受験生の小学生、そして桜蔭生が机の前で、黙々とB4サイズのわら半紙に印刷された問題を解いている！　手渡されたわら半紙には「数学クイズ」とありましたが、クイズなんて生やさしいものではなく、どう見ても試験、ペーパーテストです。桜蔭生は本当に勉強好きというか、もはや勉強フェチといっても良さそうです。「数学クイズ」は「この台形の両対角線は直交しており、片方の長さは15センチ、台形の高さは12センチです。台形の面積を求めてください」「既約分数で表したとき、分子は2003の倍数になることを示してください」など、数学オリンピック級の難問ぞろい。この問題が解けないと桜蔭には受からない……とジンクスにかられ、必死になって補助線を引いている小学生女子にまじって、果敢な男子校生（開成）も問題に取り組んでいました。しかし全問正解しない限り、桜蔭生とは仲良くなれなそうな空気が……。まず問題を渡して、男子を知能レベルで振り分けるという合理的なシステムに脱帽しました。

他にもこのような、いきなり問題の用紙を手渡される発表が多く見られました。問題を出すというのは、桜蔭生にとってコミュニケーションの重要な手段なのかもしれません。求婚者たちに難問を出し続けた竹取物語のお姫さまのような自尊心を感じます。

生物部の部屋では、白衣が似合いすぎの桜蔭生が、食虫植物についての研究発表をしていました。「甘い蜜を出して、虫を誘い込みます」「感覚毛に触れた虫をはさみ込みます」などと推定処女率一〇〇パーセントの女子が、虫をおびき寄せる手練手管について淡々と発表するのはかなりシュールな光景です。しかも、何も見ずに真っ直ぐ前を向いて話し続けていて、食虫植物の生態を全て暗記しているようでした。白衣の桜蔭生を見ていたら、皆、磨けば可愛くなりそうなルックスなのに、チャラチャラしている女子は軽蔑される風潮があるのか、身なりに構わないことに意固地になっているようです。文化祭なのに頭は寝癖で眉毛は生え放題、文化祭なのにオデコ全開のひっつめヘアなど……。大人の男性だったら、そんな桜蔭生の女として未開発な可能性に惹かれ原石を磨きたい欲求にかられることもありそうですが、ぱっと見て分かりやすい可愛さに引き寄せられる同年代の男子には敬遠されてしまいそうです。食虫植物のように、虫をはさみこんで簡単に捕まえるというわけにはいきません。

しかし桜蔭生が全く男性に興味がないといったら、そんなことはなさそうです。桜蔭生へのアンケートを集計し、発表している部屋に入ると、「一日の勉強時間は？」（一〜二時間という回答が多かったですが絶対皆隠れて勉強してるはず）や「あなたは幕府派？　朝廷派？」（幕府派が約六割）といったアカデミックな質問にまじって、「彼氏にするなら、結婚するなら何を基準にする？」という女の子らしい項目もちゃんとありました。中学生七一一人の回答の平均では、容姿が四五パーセント、性格が四四パーセント、そして経済力が六パーセントとやたら少ないのが目を引きます。その時、椅子に座ってアンケートを眺めていた桜蔭生数人の会話が耳に入ってきました。頭の回転の速さを反映してか、超早口なので聞き耳を立てるのも一苦労です。

「彼氏や結婚相手に求めるものって性格か容姿だよね」「経済力なんてどうでもいい。自分が稼ぐから」「でも相手の方が収入少ないと可哀想だよね〜。男のプライドとかあるだろうし」と、おぼこ全開の女子たちが、将来自分が男を養う発言を！　しかも出会ってもいない将来の夫を哀れんだりして……。その前に鏡を見て身だしなみに気を遣った方が良いのでは？でないと空想上の夫は空想のままで終わってしまいますよ……と老婆心ながら忠告したい衝動にかられました。彼女たちの強い自信の裏には男性への軽蔑心があるのです。男子校生が居心地悪そうにしているのは、敏感にその空気を察知しているからなのでしょう。息が詰まってきたので校舎の外に出ると、同じく逃げてきた男子校生の集団が、世慣れた自分を取り戻そうとして道ばたで軽薄な笑い声を響かせていました。しかし、その声にふりかえる桜蔭生は一人もいませんでした……。

後日談

同じ日、本郷のカフェでお茶を飲んでいた友人が、桜蔭文化祭帰りのOG集団を見かけたと報告してくれました。彼女たちは全員東大生らしく「就職の面接で桜蔭卒って言ったらすごいイヤな顔された」「桜蔭生は負け犬の中でも山犬だって言われてたりするけど、本当はこんなにパーフェクトな女ばかりなのに！」「でも桜蔭生って女にモテるよね！」などとクダを巻いていたそうです。適当に生きられない、それが桜蔭生の長所でもあり短所でもあるのでしょう……。

（二〇〇四年取材）

なめ子の 学校説明会 訪問記
～桜蔭学園・フェリス女学院編～
辛酸なめ子
土曜日の朝・水道橋
今日はこれから「桜蔭坂」を登って桜蔭の説明会に行きます。
ピンク
ピラミッドパワー
パステルピンク
あら、もっといかめしい校舎を想像していたのに…そしてあのピラミッドパワーは生徒の学力向上に効果があるのかしら？
講堂は満員
それではまず、校長より学校の説明がございます。
今日も真面目そうな保護者が多いわ。
桜蔭会の名は、御茶ノ水の駅前が美しい桜の馬場の跡地であったことによるのでございます、…で、ありますから…でございまして………というわけでございます。
つづいて教務の先生登場
やたら丁寧だけど妙な迫力があってコワイ…
せっかくお集まりいただいたことでございますので、具体的に細かい話をさせていただきたく思います。
さらに輪をかけてていねいだった…
まわりくどいです
生徒は先輩が大好きです。…間… 先生よりも好きみたいです。
この間は一体…？
学校生活のスライド上映
思春期の女子にブルマはちょっと…
つづいて校内見学。あちこちに花をモチーフにしたステンドグラスや絵画が…
ピンク色
生徒に不足しがちなフェロモンを補っているのかしら？
そして校舎の中はけっこう狭い
大人物は狭い所で育つんですね
授業中の教室をのぞくと…
意味不明な数式がビッシリ!!
スラスラ
頭がクラクラしてきたので次に行こうと思います。

『進学レーダー』収録

つづいて石川町の高台にあるフェリス女学院へ…階段の洗礼を受ける
手すりもない
登っても登ってもたどりつかない。桜蔭坂よりきついかも。
少女漫画の舞台になりそうなおしゃれな校舎だわ。説明会に来ている人もアッパーな感じ。
まだ階段
説明会の会場は、なんと各教室だった。
改装中のため、放送による説明で失礼します。
そして放送はいきなり自まんからスタート
スピーカー
ところで私どもの学校が日本で最古で大学進学実績が優れていることはよく知られていますが…
し〜ん
…それではご静聴ありがとうございました。
強気ですね
つづいて校内見学
丹沢の山
ボーッ
それにしても、素晴しい眺め……
まさに下界をみおろす雲の上の学校…
ホホホホホ…
ハハハハ…
下界
こんなところですごしたら、先生や生徒が高飛車になるのも無理はないわ。
それにしても桜蔭とフェリスの校風は対照的でした。
桜蔭出身
フェリス出身
バチッ!
〈運命の出あい〉
狭い校舎で耐え忍ぶまじめな桜蔭生と、雲の上の瀟洒な校舎で女王様気質を育むフェリス生…。お互いにないものを持つ二つの学校の卒業生がどこかで出会ったら、十と一の磁石がひき合うように、きっと良い友達になれることでしょう…。

女子校でのいじめ

女子はグループで行動する習性を持っているので、女子校での人間関係はシビアです。それが顕著に表れるのが教室移動と登下校とお昼休みのブレイクタイム。この時間に一人で寂しく行動しているのを誰かに見られるほどキツいことはありません。価値観が未確立で人と一緒を好む中学時代は、教室移動する時に一人になってしまわないかという心配で心の大部分が支配されます。私も中学一年の時、音楽の教室に到着して授業がまだ始まってもいないというのに、友だちがいない女子に「一緒に教室に帰ろう」と切羽詰まった口調で申し込まれ、気まずかった思い出があります。長い人生において教室移動なんてほんの一瞬なのに、なんで当時はあんなに重みがあったのでしょうか。中高時代、一緒に教室移動していた子たちと今も頻繁に連絡を取っているというわけでもないのです。たとえ百回教室移動を共にしてもソウルメイトにはなれないという現実の方がシビアです。

しかしグループ行動がウェイトを占めていた当時は、万一仲が良い子が休んだり、まだどのグループにも入っていない時は、綱渡り状態の心細さでした。孤独を感づかれない対処法として、誰よりも早く先生に用事があるふりをして大急ぎで教室移動するか、または他のグループの後ろにさりげなく付いていってそのグループの一員のふりをする、などがあります。

もし一人で教室移動しているのを、クラブの後輩に目撃でもされたら「先輩、一人だったけど友だちいないのかな」と噂《うわさ》されて先輩のメンツも丸つぶれです。

大人になった今、道で女子高生の登下校の集団とすれ違うことがありますが、一人で帰っている子の暗い雰囲気には身につまされます。必要以上にみじめに感じているのが伝わってきて、大人になったら一人で帰るなんて当たり前なんだから！　と声をかけたくなるくらいです。大人になったら何万回も一人で食事をして、一人で帰らないとならないのです。しかし、四六時中「友だち」に気を遣っていた頃に比べると「一人」の方がはるかに気楽だし、第一いい年した女が群れていると異性との出会いを遠ざけてしまう結果になります。

しかし女子校時代は学校が世界の全部なので、どこかに所属していないと居場所がなくなってしまうのです。自分に合ったグループに入れるかどうかは死活問題。そんな中、田園調布雙葉出身のK子さんは「お昼休みは、一人で図書室で食べていました」と、打ち明けてくれました。人間関係のしがらみがわずらわしくて一匹狼《おおかみ》状態だった彼女は、それぞれのグループに一人ずつ仲の良い子がいたものの、どこにも所属する気はなかったそうです。幼稚園・小学校からの入学者が多くを占める女の園で「一生分の女のドロドロ」を体験してしまったというK子さん。しかし、基本的にお嬢様学校なので、いじめといってもハードなものではなく、気まぐれに毛が生えたようなもの。例えば、いつも一緒に行動しているグループの一人を今日は置き去りにして教室移動しちゃおうとか、むかつく明確な理由があったわけでもなく、生態系の中で自然発生的になんとなく始まる仲間外れ。戯れのような行為でもされる方にとってはたまりません。いつも一緒に笑っていた子たちが今日はすごく遠く感じる……どうして先に行っちゃうの？　と、わけもわからず胸が詰まってトイレでひっそり泣きぬれるのです。この、プチ仲間外れの対象は、持ち回りでかわっていきますが、グループのリーダーの気分によって決まることが多いようです。

ところで、粒ぞろいの生徒が揃《そろ》うお嬢様学校ではどんな子がハブられやすいのでしょうか。地方の公立などでは、目立って可愛い子はヤンキーにでも入らない限りいじめの標的になってしまうと聞きます。元ティーン雑誌編集者によると、「いじめられ体験」を投稿してくる子のプリクラを見ると大抵アイドル級に可愛いそうです。K子さんの学校では、美人で派手でソニプラのセンスの良い雑貨をたくさん持っている子がカーストの上位にいて、逆に「変わり者」の烙印《らくいん》を押されてしまうと、卒業までそのイメージは払拭《ふっしょく》できないそうです。意外と寛容でオープンなのがオタク系グループで、共通の話題で盛り上がればどんな嫌われ者でも入れます。K子さんも、美術系ということで「変わっている」というレッテルを貼られ、また、他の将来が決まっていない女子を不安にさせてしまったため、つまはじきに合いそうになったとか。自分のことが不安だからちょっとでも秀でている人や志がある人はつぶさずにはいられない、それが女のイヤなところだと実感したそうです。時には下克上が起きることもあり、ある学年では中学時に一番上のグループのリーダーだった子が、あまりの傍若無人な振る舞いに下克上を起こされて、ショックで不登校になってしまったそうです。彼女は数年後、外の世界で「派手な遊び」を覚えてパワーアップして帰ってきたそうですが……。

中学の時のあだ名も残酷なものがあります。学習院女子出身のSさんは「某宮様は顔が日本人離れしていたので『インド』とか『カレー』と呼ばれていました」という畏《おそ》れ多いエピソードを教えてくださいました。国民に溶け込んで愛されるキャラを確立されていらっしゃったようです。一度キャラ付けされると、卒業まで定着してしまいます。雙葉出身のAさんに聞いた話では、（付属の）小学校の時にある級友がうっかり授業中にオナラをしてしまったため、小学校六年間はエンガチョ状態、さらに服にコアラのアップリケを付けていたのをめざとく見つけられて「ヘコキコアラ」という酷いあだ名が付いてしまったそうです。小中高一貫だと途中でリセットできなくて、一度付いてしまったあだ名はそのまま受け継がれる羽目になってしまいます。卒業後も同窓会などでそのあだ名で呼ばれてしまうのでしょうか……。前出のK子さんの級友で、うるさくてうっとうしがられていたある子は、理科の時間、プランクトンが大量発生した状態を表す「アオコ」というイヤな名前が付けられてしまったとか。また、中学の時に二段重ねのお弁当を級友に「そんなにたくさん食べるの」と指摘された子が、その一言がきっかけでダイエットに傾倒し、ついには拒食症になってしまったことがあったそうです。何の気なしに言った言葉が、誰かの人生を狂わせてしまうかもしれないので、加害者にもならないように注意しなければなりません。

ところで最近は、いじめがあるとたちまち中学受験塾に報告され、塾から学校に勧告が行くため、生徒保持に必死な昨今、多くの私立女子校ではいじめへの対策も迅速です。しかし、いじめはゼロではありません。「普段遊んでいて派手な子よりも地味でおとなしそうな子達のグループの方がいじめは多かったです」（千代田区の女子校・20代）という報告もあり、水面下で陰湿に行われているようです。また、某A学園では、いじめられっ子が体育で教室を空けた間に、スカートがヒダにそって縦に切り裂かれて腰みの状態になっていた事件があり、彼女はしばらく登校拒否になってしまったとか。また、あるお嬢様学校では、自分のカバンの中を開けられ、生理用品が勝手に開封されたうえ赤マジックで描かれて机の上に放置されれた、という陰惨な体験に見舞われた人もいます。スカートを切ったり生理用品にいたずらしたりと、子宮付近をターゲットにしたいじめは女の陰湿性と残酷性が極まっているように思えます。今は、学校裏サイトやプロフ、携帯メールなどのツールも増えてさらに人間関係が複雑化しています。

ここまで生徒同士の対人関係について綴ってきましたが、最もいじめの標的になりやすいのは、女子校における男性教師かもしれません。前にも述べましたが、「生徒と間違いを犯さないように」という配慮のもと、並以下のルックスの教師が採用されがちです。よって、外見がイケてないことを理由に生徒たちのいじめに遭ってしまうという皮肉な結果に……。さらに、生命力が弱そうな男性教師は、生徒の父母にもナメられ、いじめられたりして悲惨です。哀れな彼らは、温室のような女子校で退屈している生徒たちの群れに投げ与えられた生け贄《にえ》や道化師のような存在なのでしょうか。悲惨ないじめエピソードは枚挙に暇《いとま》がありません。

たとえば白百合では、ケシゴムのかけらを投げつけられたり、東京女学館では、結婚相談所に勝手に申し込まれたり、節分の日に「鬼は外～！」と豆つぶてを浴びせられたり、女子学院では、教卓の上にエロ本が置いてあって男性教師の反応を観察され「キモい」と陰で嘲笑されたり、雙葉では先が赤いマジックで染められたタンポンが黒板に向かって投げ付けられたり……。他の学校でもチョークを隠されたり、教卓の四隅に塩を盛られたり、ドアに生理用品を挟まれていたり、お嬢様学校に赴任して鼻の下を伸ばしていると大変な目に遭ってしまいます。マゾでないと勤まりません。別のあるお嬢様学校では、アキバ系の生物の教師がいじめの標的になり、慶應出身の彼に向かって「慶應の校歌を歌え」と、皆で無理強いして半泣き状態で校歌を歌わせたりしたそうです。また、先生が授業中回ってくると、モーゼの「十戒」の、海を割る有名なシーンのように、先生の歩みに対応して両側の机を離して行ったとか。キリスト教の女子校ならではのウィットに富んだいじめ……と見るべきでしょうか。先生はその時は平静を装っていましたが、第二次性徴変態中の女子にほとほと嫌気がさしたのか、のちに山手線内で小学生女児への痴漢常習のかどで逮捕されてしまったそうです。

女子校では先生の女性率が高く、権力を握っているので、どちらにせよ男性教師はしいたげられてしまいます。私の母校でも、日頃のたまった鬱憤を晴らすかのように校舎の裏で一人薪割をしている男性教師の姿が見られました。カコーンカコーン！　というわびしい音が忘れられません。女子校出身者の男性への過剰な警戒心の根本は、いじめの対象であった男という生き物からいつか復讐《ふくしゅう》されるのではないか、という恐怖もあるように思います。

いじめアンケート結果

〈質問〉いじめはありましたか？
もし何かエピソードがあったら教えてください。

●グループごとにわかれていて他のグループとはあまり接触がなかったのでひどいいじめは見られなかった（白百合学園・30代）●付属の小学校時代から12年間ずーっとターゲットになっているスケープゴートが１名いました。逃げ場なし（捜真女学校・30代）●ビミョーにあった。おたく系で協調性がない割には、プライドが高く、服装に清潔感のない子がその対象に……（恵泉女学園・30代）●「ギャルおねえ系グループ」「そこそこおしゃれな中堅グループ」「ビジュアル系・オタクグループ」にわかれたヒエラルキー世界だった（川村学園・20代）●男子の目を意識していて媚びている感じの子は、写真を撮られる時のキメ顔やしゃべり方を陰で物まねされたりした。でも、目立ったいじめはなくてうまく棲み分けられていた（普連土学園・30代）●虚言癖の女の子がいて、「彼氏がヤクザで、撃たれて死んだ」とか言ってました。その後自分でどんな嘘をついたかを書いたメモが拾われネタにされていました（東京女学館・30代）●目立ったいじめはなかったけれど、気が強い同士喧嘩はしょっちゅうあった（女子学院・30代）●いじめはなくて、頭が良い子ほど親切でノートを貸してくれた（桜蔭・20代）●予備校で、桜蔭のグループがいて、一人の子が無視され出したのですが、理由が「勉強やっていないって言ってたクセに模試の結果が良かったから」で、恐～いと思いました（他校の人の目撃談）

女子校プラトニックラブ

人が女子校について妄想する時、秘密の花園というか、百合が咲き乱れているようなイメージを抱きがちです。宝塚のように女役や男役がいて、禁断の恋を繰り広げているような……。年頃の娘が女しかいない空間で六年も過ごせば、身近な同性に憧れたり、ほのかな恋情を抱くのは自然なことです。脳内統計によると、女子校出身者の七割には、同性愛の素質があるように思います。でもその「愛」とは、セクシャルな意味ばかりではなく、広義の「愛」で、性別を超えた人間愛みたいなものかもしれません。「同性はライバルではなく、愛せる存在」と思え、女子校出身者同士で会うと、女好きフェロモンみたいなものを感知し、親愛の回路が開く感じがします。

女子校時代の話に戻すと、「○○ちゃんって大きい〜!」と戯れに胸を触り合ったり、腕を組んで歩いたり、そういう他愛ないスキンシップは日常茶飯事でしたが、その中には一部本気の人が混じっていたことも否定できません。女子校に通っていた当時は、「先輩に憧れたり後輩を可愛がるのはOKだけど、同級生を好きになるのは一線を越えてしまうのでタブー」という暗黙のルールがありました。年が違えば好きになっても良いのです。先輩に手紙やプレゼントを渡すのは、皆普通にやっていることでしたが、同学年の人を本気で好きになって、禁じられた恋に身をやつす人もいました。それでもプラトニッククラブが主流で、肉体的行為に発展するケースはそんなになかったと記憶しています。

ところで、女子校出身者に話を聞いてわかったのですが、女子校は女子同士のプラトニッククラブが盛んなところと、そうではないところにわかれるようです。

まず、きわめてノーマル、ヘテロセクシャルなのは、以下のタイプの学校です。

・男子に興味が向いているフェロモン系女子校
・おしなべて平均的なふつうの女子校
・若い男性教師が多い女子校

反対に、女子同士のプラトニッククラブが盛んなのは以下のタイプです。

・あまり異性と交流しない真面目な進学校
・周りに何もない、隔絶された所にある女子校

ノーマルに分類されるフェロモン系女子校でも、入学したての中学時代は、先輩に憧れの気持ちを抱いたりすることがあります。でも、それは中学までで卒業。東京女学館出身のYさんによると「中学では、演劇部の男役やバスケ部のボーイッシュ系先輩が人気でした。ただ、見た目重視で実力があっても外見がイケてない先輩は人気なかったです。高校に入ると

一転、キレイで可愛い先輩が憧れられました」とのことで、中学まではボーイッシュな先輩を男の代役に見立ててほのかな恋情を抱いても、高校になると自分自身の目標として普通に男受け良さそうな先輩に憧れるという、その切替の早さは見事です。若い女子が東京ガールズコレクションなどで美女モデルたちを崇《あが》めるのと変わりありません。女としての自覚が芽生えた女子高生は、憧れの対象に近付くため、女力を磨き、色気づくのです。

いっぽう、バレンタインや卒業式などの行事を女子だけでも楽しみたいという、イベント的に先輩LOVE気運が高まる場合もあります。「学校にチョコを持って行ってはいけないので、そっと渡すのですが、こっそりやるのがおもしろかったです」（光塩女子学院・20代）と、校則が厳しい学校で非日常性を楽しむというケースも。「演劇部の先輩がカリスマ的人気があり、ファンが集ってファンクラブを作っていました。手紙を渡したり誕生日にあげるものを考えたり……抜けがけは禁止でした」（頌栄女子学院・30代）と、身近にアイドル（男役の）を作って盛り上がるケースは、同性プラトニックラブを変化のない学校生活のスパイスにしているという印象です。

ここまでは「憧れ」の範疇《はんちゅう》ですが、本気の恋愛感情に発展する場合もあります。「部活の時、レモンのハチミツ漬けやおにぎりを作って先輩に差し入れたり……。一言『おいしかったよ』

と言われるだけでもうれしかったです。バレンタインや年賀状、先輩からの返事が来たとか来ないとかで一喜一憂していました。人気の先輩がうつっている写真がブロマイドになって流通したりしていました。写真にとどまらず髪の毛をもらった人もいました」（普連土学園・30代）というディープなエピソードや、「私は、好きな先輩と会える日はおしゃれをしたり、わざわざ同じ電車になるようにしたりとストーカーめいてました。その自意識過剰さ、高揚感、失望、どれをとっても普通の恋愛と変わらなかったです」（女子学院・20代）という告白など……。といっても、双方に自制心が働くため、男女のようにデートしたり、肉体的な接触を持てる人はほとんどいないと思われます。

お嬢様の場合は、お金に糸目を付けないので先輩ラブがエスカレートしがちです。「宝塚系の部活の男役はカリスマ的人気があり、ジャニーズのウチワみたいなグッズも作られていました。かなり高額のブランド品を父母に買ってもらって、それを男役にプレゼントする人もいました」（日本女子大附属・20代）、「バレー部、バスケ部、演劇部のボーイッシュな先輩がモテました。ファンがついて、バレンタインや誕生日はプレゼントの山。お嬢様の後輩が先輩に胡蝶蘭《こちょうらん》三本立ての鉢植えをプレゼントしていました。プレゼントの予算がすごくて、ブランド物のバッグ、ヴィトンの財布とか万単位の物をあげる子もいました。アイドルに貢ぐ人のよう……」（白百合学園・30代）と、ここまでくると逆に相手に負担になってしまいます。胡蝶蘭をもらった人は親に見つかったらなんと言い訳するのでしょうか……。

また、「中学から高校に上がる時、中学の制服のリボンを後輩がもらいにくる風習がありました」（田園調布学園・20代）、「第二ボタンの風習の代わりに、高三の運動会で手に紫の花をつけて『花のうた』を踊るのですが、終わった後、好きな先輩のところに行って『花をください』というのがありました。あとは先輩の靴ひも（学年によって色が違う）を集めている人もいました。先輩にプレゼントする時は名前のイニシャルを刺繡《ししゅう》したり……先輩は神聖な存在、すれ違う時はすみに避けて、先輩が通り過ぎるまで下を向いて立ち止まるのが習わし。無礼講なんて考えられません」（雙葉・30代）などの素敵な風習もありました。多くの人が抱いている女子校の麗しい世界がここに……。　今もこの伝統が脈々と受け継がれていることを願ってやみません。

また、学校側でスクールライフに張り合いを持たせようとしてくれているのか、上級生と下級生の交流が制度化されているケースも。「『朋友班』という縦割りの掃除組が作られていて、上級生達が手作りグッズを班の人数分作って遠足に行ったりしていました。単なる掃除仲間なんですがねぇ」（昭和女子大附属・20代）学校がセッティングしてくれると反抗期の女子は逆に盛り下がりそうですが……。先輩に憧れるのが、もはや義務と化している風潮も見られました。「バレーボール部、バスケットボール部、ソフトボール部の三つに所属する人は必ず『○○先輩を好きでなければいけない』というような掟《おきて》があり、何かに急きたてられるように皆憧れていたような……。その先輩のいる『ペルシャの市場』（体育祭での恒例、締めの高三の踊り…）ではカメラを構え涙を流さねばならない……など」（山脇学園・20代）、「スポーツ系やステージ系の部活は練習や上下関係が厳しくて先輩に年賀状を書かないとなりませんでした」（東洋英和・20代）と、まるで選挙活動のようになってしまっています。

先輩の方も自分がどのくらい後輩から人気があるのか気になるもの。イベントの時花束が一つももらえないのはみじめです。そういえば高校二年の時、クラブの合宿で夜中、中二の後輩を部屋に幽閉し、どの先輩が好かれているか尋問したことがありました。本当に人望のある先輩は絶対やらない、浅ましい行為でした。

ところで、いつの時代も女子校でモテるステレオタイプは、運動部もしくは演劇部の男役で、ショートヘア・ボーイッシュ・高身長の女子。学年に一人か二人は、カリスマ的人気の女子がいたりします。一人称が「ボク」「オレ」で完全に向こうの世界に行ってしまっている人もいれば、ノーマルなのにモテている事態に実は困惑しているという人もいます。雙葉出身のOさんにはメールで興味深いお話を伺いました。

「生徒にやんわりと『娘役』と『男役』の役割分担があり、新入生歓迎会の寸劇で男性役を演じたのが原因で後者になってしまった私は、卒業後の社会復帰に非常に苦労いたしました。体育の授業でワルツを踊る練習をするときも、男のステップばかり踏まされ私服で堂々とスカートをはけるようになったのはここ一、二年です。宝塚を退団した元男役女優さんの苦悩を聞くたび、勝手に共感しています。今も軽度の女性恐怖症で、銭湯の女湯などがちょっと怖いです。女子校では背が高ければ高いほどモテて、髪が短ければ短いほどモテます。そして、うんと頭の良い人や、クラブ活動の部長職などもモテました。ちまたでは死に絶えた三高幻想に似たものが、女子校には生きています」

　将来男性と恋愛する時のための予行演習のようです。無意識のうちにボーイッシュな人に媚《こ》び、自分が受け入れられるかどうかで、男ウケをチェックしているのでしょう。勝手に練習相手にされてしまった人にとっては迷惑な話です。私も高校時代、仲が良い友だちに「何でいつも私が車道側を歩かないといけないの!?」と突然キレられたことがありましたが、ショートカットで長身という記号的に男役である彼女を無意識的に頼ってしまっていたのかもしれません。

さらに、女子校時代、モテていた二人の話を聞くことができました。一人は雙葉出身のAさん。健康的でポジティブで頼りがいのある雰囲気が女子の人気を集めていたことは想像に難くありません。

「女子を好きになる傾向は、一〇〇パーセント皆あったと思いますよ。バスケ、バレーなどの運動部に入って髪が短ければもれなくモテます。わたしも運動部だったからか、クリスマス、バレンタインや誕生日にはプレゼントをもらっていました。誕生日は、保健室とかで調べるんじゃないでしょうか。クリスマスに手編みマフラーを二人（同級生）の人からもらったこともありました。何も考えず、次の日そのうち一本をまいて行ったら、その二人が放課後取っ組み合いのケンカをしていると友だちに教えられ、急いで止めに行きました。マフラーをくれた人とは卒業してから全然会っていません。どういうつもりでくれたのか……親友になりたいとかじゃなくて、明らかに恋だったのだと思いますね」

続いて、ショートカットで知的オーラを放つ桜蔭出身のAさんの話です。

「演劇部で男役だったら、高一の時にチョコをもらったりしました。後輩が家まで訪ねてきたこともあります。仲良し三人組で一緒にそれぞれ好きな先輩の家に行こうという計画があったらしく、土曜の朝に突然来られました。玄関前で立ち話をしたのですが、『家を見るだけで良かったんです。本人に会えるとは思ってませんでした』と喜ばれました。一日で江東区と中央区と横浜を回ったそうです……。演劇部の男役や背が高いスポーツ部の子はモテます。バレンタインは手渡しでくれる人、机や下駄箱の中、ゆうパックで届けられたこともありました。チョコ以外では手編みのマフラーをもらった時はどうしようかと思いました。自分はノーマルなので、後輩にはわけへだてなく普通に接することで対応していました」

と、彼女たちが当時の体験を平静な気持ちで振り返り、淡々と話すことができるのは、基本的にノーマルで自分のファンとも適度な距離感を保っていたからでしょう。好意を寄せてくれる後輩に対し、過度に思い入れするのは危険です。もし本当に禁断の世界に行ってしまっていたら……「女子校の思い出」「同性愛」という言葉はNGワードとなり、平常心で当時のことを語るなんてできません。ライトな場合でも、卒業してから同窓生に「そういえば高校の時○○先輩のことがすごい好きだったよね」なんて過去の話を振るのはタブーです。同窓会ではすっかり「なかったこと」になっているに違いない、扇情的で激しいエピソードを集めてみました。

日本女子大附属は、学校のロケーションが外界から隔絶されているからか、プラトニックラブが育まれやすいようです。

「山の中で隔絶されていたので、街に繰り出すギャル以外は、全てが学校で完結していました。恋愛も校内で。寮生の人はお互い名前に様付けで呼び合っていました。学校でも様付けで、お姉さまが妹の勉強を見てあげたり……。友達同士はボディタッチや連れションは当たり前。後ろから抱きついたり、会話の延長に自然な流れでスキンシップがありました。そういうのに嫌悪感があるとやっていけません。潜在的にそういう嗜好の人が多かったようです。修学旅行、いいムードになっている子達がいたら、皆気を遣って部屋に二人きりにしてあげたりしました。生臭い話は聞きたくなかったですが、さり気なく手をつないだりしていました。学内カップルは五、六組で、ボーイッシュ系とフェミニン系の組み合わせが多いです。同学年同士でもタブー感はありませんでした。むしろ下級生に取られまいとしていました。でも、大学に入ったとたん、全てはなかったことになります。同窓会でもその手の話は一切なしで、同性に走っていた子が、むしろ男なんていくらでもいるのよ、みたいな勝ち組オーラをアピールしたりします」

進学校系の女子校の生徒は、男性と出会う機会も少なく、早熟なので想いもエスカレートしがちです。

「自分の小指を切って血で恋文を書き、バレー部のボーイッシュ系の女子に送った人がいました。本気の人は校舎の裏でキスしたり手を絡ませ合ったりしていました。十年ぶりに会った演劇部の男役だった子は、黒スーツで低い声でした。もしかして性同一性障害だったのでしょうか……」（桜蔭・20代）

「バレー部のキャプテンの子は異常につきまとってきた後輩に冷たくしたら、逆恨みされてカミソリを仕掛けられたり、制服を捨てられたり、酷い目に遭ってました」（雙葉・30代）

性格的に女度が高い女子は感情的でドロドロしがちです。

「レズまでいかないけど共依存でしょうか。女の子同士すごい仲良いのが、喧嘩するとそれが激しくて、男女カップルの倦怠期《けんたいき》の痴話喧嘩のようです。泣いたり、わざと他の子と仲良くして見せつけたりします。すねるのはどちらかというと女役の方。高二の時の親友がそんな感じになって、このままでは良くないと思い、なるべく普通に接して深入りしないようにしました。卒業してから彼氏ができたと聞いて安堵しました。男子が近くにいないので、疑似恋人になってしまうのでしょう。クラスにカップルは二、三組いました」（豊島岡・20代）「完璧に振り切れて男モードになっている人が学年に一、二人いました。一人の子はケイコをケイタに改名し、防災頭巾にもケイタと書いていました。あらゆる学年に可愛い子を見つけてはデートに誘っていました。男役は、普段もすごいガニ股で歩いて一人称は『ボク』。床屋で切ったかのようなショートカットでスカートの下にジャージをはき、遠足ではサングラスをかけていました。フェミニンな子と男役でランチ合コンみたいなことをして、グループ交際から発展するケースもありました。手をつないだり……。それとは別に女性であることを自覚しながら女性が好きという子もいました。同じ学年の恋愛は修学旅行でどうにかなったりします。学年に一、二組カップルが……でも、結局皆本当の男子とつき合えず女に走っているだけなので、卒業したら男っぽかった先輩にかぎってあっさり女に戻ったりします。六年間はなかったことにして、胸元のあいたドレスを着て男とデートしたり……」（田園調布学園・20代）

やはり、男性との性的な行為がきっかけで、一挙に女になってしまうのでしょうか……。女子同士の関係は、学校にいる間限定と最初から割り切っているようです。

「憧れている四つ上の先輩と一緒に映画に行ったりして友だちにうらやましがられました。手紙を書いて教室に持っていったりしました。でも、最後は先輩が卒業して『いろいろありがとうね～さようなら』と、あっけなく終わりました」（田園調布雙葉・20代）、「当時カリスマ人気だった子も卒業したら普通になります」（東京女学館・30代）、「卒業文集で唐突に『私レズです』とカミングアウトしたのに卒業してすぐ結婚した子がいました」（女子学院・20代）

女性は切替が早く現実的。本当にあっけなくて男役でも本性は女というのを見せつけられたようです。フェミニン度が強い女役は、結局、疑似男性でも本物の男性でもどちらでも良いのです。逆に性格的に男度が強い男役ほど、同性への思いを引きずってしまいそうです。そしてめくるめく世界（二丁目ｅｔｃ…）へ……。

世界に共通する民話のように、どの女子校でもプラトニッククラブストーリーの結末は「卒業したとたん、魔法は解けて全てはなかったことになりました」なのです。そして、同じような秘密を共有している女子校出身者同士は、共犯意識で通じ合っているのかもしれません。

プラトニックラブ

アンケート結果

〈質問〉先輩に憧れたりするエピソードがありましたら教えてください。

●ファンレターだしたことがあります。ちなみに「○○先輩」と書くのではなく、「○○s.p.」と書くのが当時の流行でした。今思うと、この書き方は、ちょっと気持ち悪いですね…（苦笑）。何の略なんだと……（田園調布雙葉） ●女子校で６年も過ごすと、「男に走る」「女に走る」「二次元に走る」の３パターンにほぼ全員わかれる気がします。レズ行為は公認でした（学習院女子・20代） ●ヴァレンタインに手作りチョコレート作製を代行していたのですが、先輩にあげるチョコの作製を頼まれたことがありました。で、「他に誰かから頼まれてない？」と探りを入れられました……（捜真女学校 ・30代） ●スポーツ系の部活の人は結構あったのでは。卒業式にはネクタイや校章、カバンをもらったり。上下関係がかなりあったので、反抗や憧れが芽生えやすいんだと思います（大妻・20代） ●先輩だけにとどまらず、女の先生ラブ（それも、けっこうおばさんだったりする）の子もいて、何かと口実を付けて会いに行ったり出待ちしたりしていました。でも異常なほど先輩、先生ラブだった子達も、私含めいまや普通に異性愛ライフを送っている気がします（女子学院・20代） ●ボーイッシュで美人な先輩に憧れるのはあっても直接何か行動に起こすことはなかったです。そのかわり妄想で頭がいっぱいでした（桜蔭・30代）

女子校事件簿

温室での日々は平穏に見えて、心身ともに大きな変化をとげる思春期の女子が集っているので、時には事件も起こります。ほとんどの女子校で発生しているのが盗難です。しかし、これを表沙汰にしてしまうと学校の名前に傷が付くということもあり、事件は内密に処理されます。ホームルームの時間にクラス全員席について目を閉じ「盗んだ人は手を挙げてください」なんて道徳ドラマみたいなことをやっても誰も挙手するわけはなく、なんとなく「あの子じゃない？　最近成績が下がってイライラしてたから」などとクラスで噂になり、時期が過ぎると次第に忘れられていきます。また、キリスト教の学校の場合「神の名において罪人は許しましょう」という大前提があるため、盗難が発覚してもおとがめなしというのがほとんどです。『レ・ミゼラブル』で銀の燭台《しょくだい》を盗んだジャン・バルジャンを、ミリエル司教が許し、愛によって目覚めさせるような感動的な情景が日々繰り広げられているかどうかは知りませんが、名前を晒《さら》し厳しい懲罰を与えるよりも、生徒が救われることは確かです。

私の母校でも、たまに誰かが誰かの財布を盗んだりする盗難がありましたが、犯人を特定するのはタブーになっていました。うしろ暗い盗難とは反対に、校内で酒を飲んだりするのは明るい不良行為でした。修学旅行で酔って先生の前で友だちと踊りを披露したこともありましたが、「そんなことされても嬉しくありません」と言い放った先生の冷静な目は忘れることができません。しかし、酔っていることを追及されることもなく、飲酒に関しては学校はわりとおおらかでした（自由な校風もありますが……）。その他には「これ、パクってきちゃった」と万引きした物品を堂々と自慢する人、偽造テレカをイラン人から買って見せびらかす人など、プチ犯罪に手を染める猛者が数人いました。ただでさえ思春期の女子はワルに憧れる年頃。刺激の少ない女子校では鬱屈した思春期のエネルギーが溜まってしまうのでしょう。万引きや盗難をする子も、生活苦を理由に……というケースはほとんど無く、物質的に満たされた生活を送っていても、つい魔が差してしまう瞬間があるようです。

他の女子校はどうか聞いてみたら、意外なことに学習院女子でも盗難の報告がありました。二十代半ばの卒業生Kさんによると、当時校内のパン屋が、市場価格十本百七十円のパンを二本で六十円で売っていたのを生徒に見とがめられ、「ボってる」と悪評が立って逆に頻繁に万引きされてしまっていたそうです。東洋英和でも盗難はたまにあり、やった人は推薦が取り消されるという厳しい処遇が待っていたとのことです。桜蔭では、頭が良いのでわざわざ先生に目を付けられるような問題行動はしないというのが暗黙のルールだったそうですが、たまに勉強のプレッシャーから情緒不安定になり、憎いライバルの持ち物を盗んでしまう人もいたとか。ストイックなモラリストが多い普連土学園では、級友の誕生会と称し放課後こっそり酒盛りしていたのを先生に言いつける「いい子」がいたそうで、主犯は一週間停学、一口飲んだ人は三日停学になってしまったそうです。この場合友だちを売ったユダのような密告者こそ厳重に処されるべきかと思うのですが……。

カトリックで厳格な校風の白百合も、飲酒に対しては厳しくて、修学旅行の帰りの新幹線で、紙袋にチューハイを入れて回し飲みしたら、バレてクラスの半分が停学になったそうです。飲酒だけでなく買い食いもNGで、駅の売店でお菓子を買って立ち食いしたら呼び出されたり、とにかく制服姿ではしたないことをしていると怒られてしまうようです。これは、卒業後も愛校心を保ち続けているOGに発見され、学校に報告されることもあるとか。卒業生はどこに潜んでいるかわかりません。街中で凝視してくる女性がいたら要注意です。白百合では、雑誌に載るのも禁止で、無許可で撮影され、気づかないうちに掲載されていた女子高生街角スナップみたいなものでも停学になってしまう不運なケースもあったとか……。東京女学館ではもっと露骨に「(学校に傷が付くから)制服では悪いことはしないで大人しくしていてね」というムードがあり、生徒も要領よく、先生向けの表の顔と裏の顔を使い分けていたそうです。

清らかなイメージが大切な女子校にとって最もタブーなのはタバコです。恵泉女学園のように、喫煙している子が見つかったら全校礼拝が開かれ、謹慎処分が言い渡されるというのは、まだ軽いほう。白百合など即効退学になってしまう女子校も少なくありません。東京純心女子でも、タバコの煙がトイレに残っていたりすると誰か「いい子」が先生にチクっていたそうです。タバコと万引きは退学で、そこまでいかない軽い罪は、シスターに「お御堂」に連れて行かれて、罪を悔い改めさせられます。いたずらでシスターにカンチョウした人もここに入れられて説教されたとか。

　ところで、話を聞いた中で意外なほど不良行為とは無縁だったのが日本女子大附属。そのわけは、学校の地図を見てわかりました。広大な緑に囲まれている素晴らしいロケーション。マイナスイオンに満たされて心身ともに癒《い》やされて、情緒も安定するのだと思われます。自然のパワーはすごいです。

　ところで、ここまでいわゆるお嬢様系女子校の例を出してきましたが、逆にワイルド系女子校ではどんな不良行為が見られるのでしょうか。都内の北部にあるS女子校出身のHさん（20代）に話を聞いてみました。Hさんが謙遜気味に語るには「ビッチが多くてどうしようもない学校」とのことで、足立区や北区や川口市からヤンキー色に染まった女子が集結し、クラスに五、六人は腕に根性焼きの跡があったそうです。「当時仲良かった子で今も交流が続いている人は一人もいません」というHさん。在学時は、グループの誰かが妊娠するとカンパを出して助け合ったほどの仲なのに、今はほとんどが消息不明。パソコンをやっている人もいないのでメールで連絡が取れないとか。

しかし、すさんでいるように見えて、女子校にありがちないじめはほとんどなく、ありあまるエネルギーは校外活動で発散されていたそうです。合コンしたり、夜クラブに行ってオールしたり、親も放任主義で学校も校則がゆるやかなので、皆のびのびと過ごしていたようです。推定処女率は高校三年で半分くらい。ラブホのアメニティの櫛《くし》を持っているのがステイタスだったとか。となると、「避妊具の落とし物が出て学校で問題になったりしないんですか？」と聞いたら、「皆ほとんど避妊具は付けてなかったですよ」と、あっけらかんとした返答が。誰かが体験すると、教室ではその報告で盛り上がったそうです。女子校らしい秘密めかした雰囲気は一切なく、手紙や日記を交換する人もおらず、皆オープンに口頭で話すのが基本でした。ストレスもたまらなそうです。

「ところで、校内で盗難は……？」と聞いたら、「えっ、そんなのないですよ」と驚きの表情を見せるHさん。校内では悪事は働かず、必要なものは校外で調達する、という仁義的なムードがあったそうです。何人かの凄腕女子の逸話を紹介すると、「新宿でキャッチのようなことをしている子がいました。街で男にナンパされて、知っている店に連れていって、トイレに行くふりをしてバックレたそうです」「ローソンでバイトしてた子はしょっちゅうレジからお金を盗んでて『うちの店長バカだからちっとも気づかないんだ〜』って言ってました」「色ペンが流行ってたけれど、一度も買ったことがないと豪語してる子がいました」

ちなみにHさんは万引き反対派で、盗癖のある友だちにも「私と一緒にいる時は絶対しないでね」と頼んでいたそうです。しかし、しないと約束していても店を出ると友だちが「ゴメン、実は……」と戦利品を見せてくれるのがパターンだったとか。その子は隣にいても気づかないほどの腕前で一度も捕まったことがないそうです。ちなみに、Hさんが友だちに教わった盗みテクは、「靴を盗むときは、捨ててもいいヘボい靴を履いて行き、売ってる靴を試着してそのまま帰る」「ペンなど小物は袖に入れる」「服は試着して下に着込んで出ていく」など……(大人は真似しないでください)。今は盗難防止タグが普及しているのでこのような大胆な手法は難しいかもしれません。

Hさんは万引きはしなくても、他の多くの友だちと同様に、無銭飲食は「節約感覚」で普通にやっていたそうです。ねらい目は、トイレが店の外にあるファミレス。「無銭飲食する日は、悪そうなギャルっぽい格好はせずに、頭にリボンやカチューシャ付けたりして、わざと女の子っぽい可愛い見かけでいきます」とのことで、かなり確信犯です。その手口は「席に荷物を置いて、一人ずつトイレに行って、いつの間にか皆店から出ていく」というシンプルなもの。座席に置いてある荷物は捨てても良い紙袋で、店員は「席に荷物がある」というだけで安心してノーチェックだそうです。万一、最後の一人が店員に捕まっても「ごめんなさーい、前の子が会計済ませているかと思って」とニコッと笑えばノープロブレム。だいたい週一回か二回ほど、罪の意識もなくタダ飯を食べていたそうです。「今だったら、携帯がかかってきたふりをして自然に店を出られますね」と無邪気に微笑むHさん。

このような盗みや無銭飲食のテクは、誰かに教えられたというわけでもなく、自然に身についているものだとか。進学校とはまた違った頭の良さを感じます。結局、どんな女子校に通っていても女の悪知恵は開花してしまうものなのかもしれません。

事件簿

アンケート結果

〈質問〉

在学中何か事件はありましたか？

●赤いボルボに乗っていたイケメン体育教師が、ＰＴＡ会長の娘に手を出してしまい、母が娘の手帳を覗き見して発覚、解雇。今は花市場で配達などの仕事をしているという噂です（校名無記名・20代）　●学校のヤリ○ンの女の子がハメられ、その子が男性に奉仕してる写メが校内で広められたという事件があった（某お嬢様学校・20代）●女総勢1500名の女子高で、演劇部の部室にはホモ漫画があふれていました。ある日、学校で火事が起きて、その時部室で読んでたホモ漫画片手に消火ホース持って消火活動をしました（校名無記名・20代）　●外壁の外に露出狂や変態がよく現れる。が、動揺する女子は皆無。皆小馬鹿にしながら口汚くののしるが、それがかえって良いのかあとをたたない（横浜・校名無記名・20代）

女子校実況ライフ

この本では卒業生をメインに取材をしていたのですが、やはり在学中の女子校生の話も聞いてみたいと思い、都内某私立女子校の高二の生徒さんにコンタクトを取り、話をうかがってみることにしました。その女子校は百年以上の歴史を持つ伝統校で、お嬢さまっぽすぎず、ガリ勉すぎず、良い意味で「普通」の女子校です。待ち合わせに現れたのは、明るくて可愛らしく、ギャルでもなくて感じの良い四人の娘さんたち。仮に名前をYさん、Kさん、Iさん、Nさんとして、彼女たちのリアル女子校ライフに迫ってみます。

――今日はお集まりいただきありがとうございます。夜の新宿のカフェですが、大丈夫でしょうか？　先生に見つからないと良いのですが……。

Y　本当は立ち寄り許可証がないと寄り道しちゃいけないんですよね。

K　塾の帰り、コンビニに寄ってご飯を買うのにも届け出をしなくちゃいけないんです。

Y　繁華街は先生の見回りがあったりする……。でも先生は結構ヌケてて、渋谷だと例えば109に行けばいいだろうって思ってて、ずっとそこで張ってたり。本当は皆裏通りのお店に買い物に行ったりするんだけど。そういうところは先生は知らないから。

――個性的な先生も多いんですか？

Y　有名なすっごい恐い鬼みたいな先生がいて、彼女の姿を見かけるとみんなバッと逃げていく。眉毛を描いてると、先生が手にツバ付けてガッて消される。

I　中三の時、一番後ろの席の子に「オマエ来い！」って言って、「オマエ目にノリ付けてるだろう、落として来い」って……。一番後ろの席の子のアイプチを見抜いてた。

――女の先生は厳しいとして、男の先生はどうなんですか？

I　男の先生はそんな厳しくないです。制服デートについて聞いても答えてくれたり。

Y　あと、生徒とつきあっている先生がいた！　三十歳のN先生、中一と関係を……。

――それは、犯罪ですよね……。

Y　先生に、ペット何飼いたい？　って聞いたら「女の子飼いたい」って。

N　気持ち悪いよね。

Y　前の学校で女の子とキャッキャしちゃって、うちの学校に飛ばされたという噂。

K　この人去年担任だったけど、ギャルの子を気に入ってて、テストの時その子の周りをグルグル回ってた。修学旅行の時も周りを衛星みたいに回ってた（笑）。

Y　こっちの先生はうちの学校の卒業生と結婚したみたい。女の子が在学中「先生、百点取ったら結婚してください」って告白して、で、本当に百点取ったらしくて、先生は三者面談の時にプロポーズしたっていう逸話が。やり手だよね。

――アルバムを見ると可愛い子が多いようですが、彼氏いる率はどのくらいですか？

Y　クラスに五人くらい。意外とオタクの子に彼氏がいたりする。放課後、遊びに行きたい子は洋服持ってくるんですけど、制服の下にミニスカートとか穿いてる子がいた（笑）。

I　小学校の時の水泳の授業みたい。

Y　家庭教師とつきあう子もたまにいるよね。それで密室で……。

――ところで、処女率はどのくらいなのでしょう？

Y　一回聞いたことがあるのは、処女率＝大学進学率っていう。ネタだけどあながち間違ってないよね。うちのクラスは非処女は推定三、四人。十分の一くらい。

K　うちのクラスは……やったっていっても本当かどうかわかんない子もいて。

Y　BさんとかTさんとかやってそうじゃん。

I　Bさんはコミケでナンパされたとか。

Y　でも、見栄でウソつく人が多くて……だいたいクラスに非処女は五人くらい？

――クラスにはどういうタイプの子がいますか？

I　うちの学校、ビジュアル系のおっかけしてるバンギャ多いよね。

Y　やっぱり身近に男性がいないから。わたしもお笑いが好きだし。そういうのに走っちゃうみたいのがある。ジャニーズが好きって子は中学生に多いんですけど、バンドとかお笑いってジャニーズより身近じゃないですか。話そうと思えば話せるし、連絡取ろうと思えば取れるし。あと、ホスト雑誌見てホストに憧れてる子もいるよね。

I　あと、オタク多いです。

Y　半分オタク、残りの半分のうち半分がギャル。他の学年に聞いてもオタクは多いらしい。休み時間の時に「テニプリのなんとか〜!!」ってアニメのキャラの名前を叫んだり（笑）。

N　なんでうちの学校、オタクが多いんだろうね。他の学校はどうなんだろう？

――今は全国的にオタク層が増えているのかもしれませんね。十年位前は、どちらかというとマイノリティでしたが。学校でオタクの子がいじめられることはないですか？

Y　ひいてるんですけど、多すぎるし……オタクといっても明るい性格だったりするから。でも、ヤバイ子でウェブやってる子はアドレスが出回ったりしてる。サイトに、天使の羽根が折れてそこから血が流れているような絵が（笑）。あとは、自作の曲とか小説載せたり。

K　Coccoみたいな詩が好きな子のホームページのアドレスを教えてもらったら、「言霊」

とかいうタイトルの、恐ろしくテンポの速い曲が載ってました。

Y　その子は、前の年は学校内を舞台にした絵を描いてた。学校の大きな木の蔭から妖精がのぞいてたり、妖精が池に足をつけてそこから波紋が広がっているイメージを……。

I　あとコスプレしてる子も多いよね。プライベートで。

Y　学校では普通に生活してて、趣味に走ってる子が多い。

I　あと、なんでオタクって血とかが好きなんでしょうね。

Y　腕切ったりとか、リストカットしてる子多いよね。

N　わざとらしくリストバンドしてたり。リストカットしてないのにそれっぽくリストバンド付けてる子もいるよね。

Y　本当にガンガンいってしまってる子もいる。

I　わたしも構ってほしくて一回やったんですよ。寂しくて心配されたかった。

Y　構ってほしいからっていう人多いと思うんですよ。この年代特有だと思うんですけど。

――ところで、女子校と共学の違いを感じることはありますか？

Y　別に意図してるわけでもないのに、予備校とか行ってもつい女子校の子とつるんじゃう。女子校ノリがあるっていうか。

N　私も仲良くなった子は全員女子校の子。共学の子は女子校の子をさげすんでいるよね。

Y　女子校なんて……みたいな。地元の子がそうだったから仲良くできない。

N　よく女子校でガマンできるよね、とか言われる。

K　ファミレスで平気でワキ毛とか抜くんでしょ？　とか。

一同　本当!?　ひどーい？（笑）

——女子校で良かったと思うところはありますか？

Y　学校を出てみないとわからないです。良い面は、いる時は見えてこない。

K　出てから良さに気づく人が多いみたいだね。

N　守られてる感じがする。

Y　娘を入れる人も多いらしい。

Y　私好きだよ。先生が厳しいこととかも、ネタにできるし、怒られ慣れたってかんじ。

I　学校は、社会を勉強するところだよ。

——話を聞く限り、皆さんちゃんと「社会」を学べているような気がします。女子校の良さは卒業してからじわじわ来ます。また十年後くらいに話を聞いてみたいです。

（二〇〇五年収録）

3 女子校をめぐる男たち

女子校生の危険――麻布学園文化祭

女子校生が集まる場所といえば、やはり男子校の文化祭です。風紀をチェックする意味もこめて都内屈指の男子進学校、麻布学園の文化祭に行ってみました。

学校の近くには栗の花が咲いているのか、むっとする官能的な匂いが充満していました。男子高校生の文化祭への意気込みを代弁しているかのようです。この匂いに反応する女子校生は非処女決定。そんな、アバズレ度チェックの機能も果たしているとしたら、男子校生のリビドーというよりも、むしろ彼らを手塩にかけて育てた母親たちが、悪い女に引っかからないようにとの強い思いで咲かせた花なのかもしれません。

GW中の校内は、受験生や女子校生でにぎわっていました。学校が休みなのになぜか皆制服で来ていて、女子はだいたい二通りに分かれています。白百合、東洋英和、女学館、立教女学院、雙葉など名門校の女子は、一目でそれとわかる制服を誇らしげに着こなしていました。基本的にナチュラルメイクで、装飾品もイヤリングをつける程度の彼女たちは、ノーブルな品位を保ち、自分からは男子に声をかけない感じでした。対して、あまり勉強に熱心で

布高等学校
クリアスペース

揺れるピアスと名門校の制服……普段とは違う表情を見せる少女たち

可愛い制服の女子校生徒は表情や立ち方にも自信が感じられます

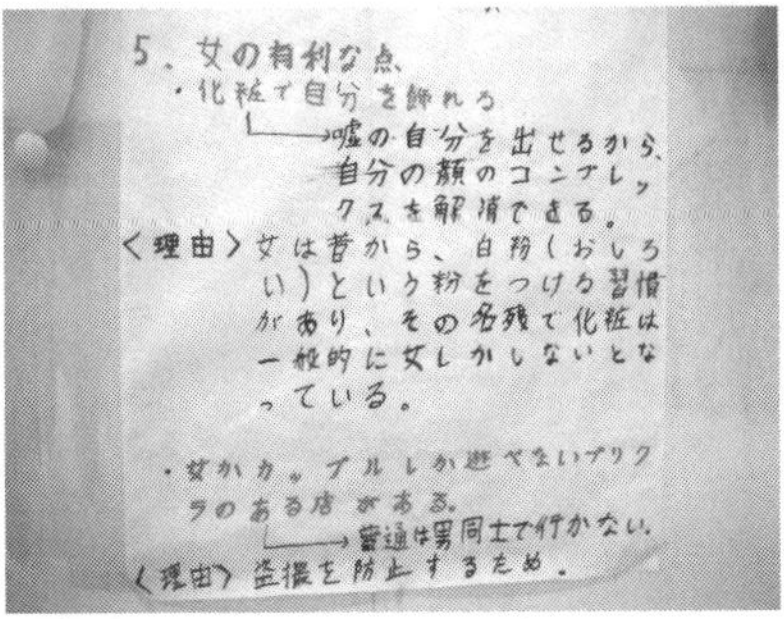
5. 女の有利な点
・化粧で自分を飾れる
→嘘の自分を出せるから、自分の顔のコンプレックスを解消できる。
〈理由〉女は昔から、白粉（おしろい）という粉をつける習慣があり、その名残で化粧は一般的に女しかしないとなっている。
・女かカップルしか遊べないプリクラのある店がある。
→普通は男同士で行かない。
〈理由〉盗撮を防止するため。

中学二年男子による女性論。男と女どちらが有利か真面目に検証しています。実際の女子校生に見向きもせず……

はない系の女子校の生徒は、アイラインをくっきり入れて、ガムをクチャクチャかみ、膝上二十センチ以上の超ミニで階段に座り、パンツ丸見えで挑発してました。あとは、制服のリボンを「発情中」のサインかと思うような、どピンク色のものに付け替えたりして、目立つことに命をかけているようでした。飴《あめ》をペロペロなめて挑発したり、ぬいぐるみのキーホルダーを鞄にたくさん付けてさびしがりやなことをアピールしたり、トイレの鏡に群がって化粧チェックを怠りません。

結局、高校生男子が声をかけやすいのはスキがあるビッチ系女子で、名門校女子は女子同士で固まっていました。男子と接触するにしても、塾で顔なじみの男子に会釈する程度で、プライドが邪魔して異性交遊の域に踏み込めないようです。本命になりたい女子と、遊びと割り切っている女子、すでに高校生の時分から、本妻と愛人で人生が分かれてしまったようです。

下心を隠して女子と接触を持とうとする高校生男子を尻目に、中学生男子は女子など視界に入っていないようで、ゲームボーイや漫画を見て無邪気に遊んでいました。女子と男子の成熟度の差が顕著にあらわれています。

そんな男子も、第二次性徴を迎えた途端、さかりがついて女子と触れ合いたい欲求でパン

男子を挑発するかのように棒つきアメを官能的になめる少女

教室内で見せつけるようにメイクする女子。しかし男子には伝わらず、精神年齢が違いすぎるようです

マスコットをたくさん付けている女子は寂しがり屋に見えるので、男子も声をかけやすいと思われます

パンに……。そんな男子の欲望を充足させる文化祭のアトラクションが「お化け屋敷」なのです。ある男子高ではかつてお化け屋敷に入った女子を皆でやみくもに触りまくり問題になったと聞いたことがあります。女子にとってはかなり危険な罠《わな》ですが、一番盛り上がるアトラクションでもあるので外せません。

都会的なエリート校である麻布学園のお化け屋敷では、さすがに痴漢的行為はなさそうでしたが、出口に待機しているスタッフの男子は、お化け屋敷内部から漏れてくる「キャーッ！」という女子の悲鳴を聞いて、頰《ほお》を紅潮させて興奮しているようでした。

「こわかったー」と、乱れ髪を直しながら興奮気味に出てくる女子に、すかさず記名帳を突きつけ名前と学校名を書かせていました。男子はスルーで、女子でもあまり可愛くない子だと、「だいたい適当でいいよ」とか言っていて、あまりにも露骨でした。そういえば私も女子校時代、文化祭で「誰でも良いから声かけようぜ」と話している男子に素通りされ、男は外見を重視する生き物であることを思い知らされました。共学だったら、普段一緒に学校生活を送っているため、外見の良し悪しだけでなく性格で異性に好意を抱くこともあり得ますが、男子校、女子校の場合は接触できる機会が年に数回なので、結局外見で判断するしかないのです。このことは、後にトラウマになったり異性観のゆがみを引き起こしかねません。

実はこれが男子校の実態かもしれません……

現に私も「若い男は女を顔で判断する」という思いこみから今も逃れられません……。
男子の方も、女子にどうアプローチして良いのかわからず、悶々とした気持ちが制御不可能になっている例も見受けられました。高二有志がシュークリームの店をやっていたので入ってみると、展示されていたメンバー紹介からして病んでいました。
N藤——下半身は最速5・2という驚異の速さ。／I原——ゲイ。弟と近親相姦。一家で4P。ってか犬入れて5P。既に近所の男の子とヤッて童貞喪失。／M崎——ローターで一人Hしていたら親に見つかり禁止にされる。／F竹——常になぐられることを望んでいる。あまりにMすぎるのでア○ルlostしちゃってる。フランス人。／F本——ギャル男のくせに、ロリコン、ショタコン。／S木——外人巨乳妊婦大好きっ子。下半身と身長が見事に釣り合っている。

……など、シュークリームとは全く関係ないハードコア下ネタで、かなり目の毒でした。ほとんどの人が、この張り紙に気づいても見なかったことにしていました。また、全ての飲み物にカルピスウォーターが混ざっていたのは何かの暗喩でしょうか？　もはやここまでくると精神的な陵辱と言っても過言ではありません。やはり男子校の文化祭は危険です。

見なかったことにしたいといえば、中庭のステージでやっていた、高二有志による寸劇も常軌を逸していました。父兄も見ている万人注視の中、一人の男子が半裸になって横たわり、体に生クリームを塗りたくられていきます。「どう?」と聞かれて「マジ気持ちいい……」とか嘆息を漏らしていました。だいたい塗り終わったら、もう一人の男子が「いただきまーす」とか言って半裸になり、おもむろに上に乗って体を重ねました。さらに、舌を絡ませ数十秒間以上の長いdeep kiss……。なんということでしょう。突然のまな板ショーに客席は気まずく凍り付き、シーンとしていました。パンフで目を隠す母親たちもいるほどです。自由な校風がやばい方にエスカレートしてしまったのでしょうか。髪の色も自由なのでオレンジや赤、緑、紫などビビッドカラーに染めている男子もいて、髪を染めるのが人気者グループの証というか一種のステイタスのようでした。名門校生徒がワルぶって見せる様子にはス

夕方、文化祭の帰り道。彼氏ができなくても、ナンパされなくても、男子校の文化祭はイベント的に楽しめます

ノッブ臭が漂います。

この学校はまじめな生徒とふまじめな生徒のギャップが大きいようで、名曲喫茶という展示では、「自慢の息子」を絵に描いたような、黒髪でボタンを一番上まで留めた男子が、管弦楽の生演奏を披露していました。給仕役の男子も「ご相席でよろしいでしょうか?」「こちらのお皿、お済みでしたら……」など、やたら丁寧な口調が板に付いています。名曲喫茶で模範的な生徒の演奏に聴き入る父兄たちは、息子を入れたい学校として麻布学園の株が上昇中のようでした。まな板ショーや下ネタを言うような男子生徒は視界に入っていません。自分の息子は不真面目な生徒にはならないと固く信じているようでした。しかし、親が教育的に厳しく、理想を押しつけている家の息子ほど、抑圧されたリビドーが暴発してしまうような気がしてなりません……。

他にも、中二有志が「男女の性差」について真面目に取り組んでいる展示や、ミリタリーオタク風男子が軍服を着てモデルガンで遊んでいる展示、「駅のごみ箱を無くすべきか、否か」について真剣に公開討論しているディベートの部屋など、バラエティに富んだ展示がありましたが、女子校生の多くはあまり熱心に展示を見ておらず、ロビーみたいなところにたまったり、ウロウロしたりで声をかけられるのを待っているようでした。

とはいえ、ほとんどの女子は奥手なため、男子をGETできないまま帰途についていました。その帰り道をねらう、ハイエナのような男たちを発見。学校を出てすぐの信号の所に、わざとらしく「KEIO」とロゴの入ったファイルを持ったギャル男二人組が、文化祭から帰る女子高生の可愛い子に「ねえねえカラオケ行かない？」と声をかけていたのです。おそらく、学校名も詐称しているであろうハイエナのような男たちの浅ましい姿に驚き呆れました。

やはり男子校文化祭は女子にとっては危険がいっぱいで一瞬たりとも気が抜けません。一人でも多くの女子が無事に帰られることを祈ります……。

（二〇〇六年取材）

女子校恋愛事情〜異性編〜

女子校に通っていた時分、よく親に「広尾の図書館に行けば、名門校の男子がいっぱいいるわよ」と半ば冗談でけしかけられたものです。といってもそれを本気にして本当に男子を捕まえてきたら、般若《はんにゃ》の形相で怒られることが予想されたので聞かなかったことにして、処女性を死守していました。しつけの厳しい家庭でもこうして時折「理解のある親子プレイ」が行われますが、決して本気にしてはならないので気疲れします。当時、周りにも親が厳しい女子が多かったですが、「友だち親子」が主流の昨今は、ストイックで厳格な教育ママは減っているのかもしれません。しかし厳しくて真面目な親ほど自分は中高時代遊んだことがないので、子どもが「友だちの家で勉強する」と言って合コンに行っていても全く感づかなかったりします。当時、同級生には、親が寝静まってから家を抜けだし、朝まで芝浦のクラブに行って親が起床前に帰宅していたタフな女子もいました。

学校によっては男性教師が恋愛対象になったりすることもあるそうです。あるお嬢様系女子校では、大学を出たばかりのダサい男性教師が、若い男というだけで生徒にモテていたそうです。一面に大きな犬が編み込まれたセーターを着てメガネがやたら大きい数学教師が、ある女生徒に手作り弁当などで猛アピールされて、卒業後ゴールインしたというエピソードを聞きました。しかし男性教師は在学中に生徒に手を出してしまうと職を失ってしまうので慎重です。女子は男性のひいきに敏感なので、恋愛感情は封印しなければなりません。また、実は嫌われているのに生徒に遊ばれて、メールで呼び出されて写真を撮られるというケースもあるので油断できないです。多くの女子校では男性教師はどちらかというと疎ましがられているのが現状でしょう。

学校にトキメキがない場合、外の世界で青春を体感することができます。女子校の生徒が異性と知り合うスポットのナンバーワンは「塾」なのです。昼間は女子だけの環境で伸び伸び過ごし、夜は塾で共学気分も味わえる……。（親にとっては教育費がかさむ上、娘の貞操の危機にもなってデメリットが大きいですが）

卒業生のOさんによると、桜蔭生は塾で知り合った開成の男子とつき合う率が高いとか。そのまま同じ東大に進めば、関係も長続きしそうです。しかし、他のレベル的に落ちる男子校の生徒からすると桜蔭生の頭脳は嫉妬の的で、ただ塾の廊下を歩いていただけなのに、すれ違いざまに男子に「ブス」と罵倒《ばとう》されたり、足を引っかけられることもあるそうです。存在するだけで男のプライドを刺激する桜蔭生……。好意があってからかうのなら、恋に発展することもありそうですが、男の嫉妬から来る嫌がらせだと、ただ気まずいだけです。

豊島岡出身のKさんには、「塾で知り合ったカップルはすぐ別れて、文化祭で知り合ったカップルは長続きする」という隠れた法則を教えてもらいました。塾は毎日のように顔を合わせるのでお互いのイヤな面が見えて仲が悪くなってしまうそうです。共学の女子の場合、毎日長時間男子と接しているので、多少の嫌な面があっても乗り越えられますが、男子校や女子校の生徒はそれぞれ異性に対して幻想を膨らませているので、些細な欠点でもすぐ幻滅してしまうのです。文化祭で知り合って、一ヶ月に一度くらい会うのが、女子校の生徒にとってはちょうど良い頻度なのかもしれません。いっぽう、日本女子大附属や立教女学院のように、系列大学に進む生徒が多い学校では、塾に行くこともあまりないので、純粋に女だけの六年間を過ごすことになります。男性と接点がない学校では、男子と肉体的関係を持った人は、ある種のスターというか性の伝道師になり、自らの体験を積極的に喧伝《けんでん》します。外国人とやったとか、友だち同士やっているところを見せ合ったとか、マンションとマンションの間の一メートルの隙間でやったとか、伝説を維持するためにどんどんエスカレートしていってしまいます。親の立場からすると、隔離された女の園だからといっても安心は禁物です。「塾」に次いで、男子と女子が出会う貴重なチャンスが「文化祭」です。数年前、母校の文化祭を見に行ったら、「ジュルル」とあからさまな唾液《だえき》バキューム音を立てる野獣のような男子、胸ボタンを多めに開けてシルバーアクセをチラ見せする男子、自らを鼓舞するように髪を四方八方に立てている無鉄砲なヘアスタイルの男子たちが、どこからか手に入れたチケットを片手に乗り込んできていました。文化祭終了時間が迫ると、「誰でもいいからGETしようぜ！」と焦って走り回る男子を見たことも……。先生方も、そんな狼たちの群れをただ手をこまねいて見ているだけではありません。学校によっては、文化祭を閉めた後、生徒のみの後夜祭を行い、男子と女子をいったん引き離す作戦に出たり、交流の深い慶應大学日吉キャンパスと文化祭を同じ日にぶつけて行き来できないようにしたり（聖心女子学院）、何かと忙しい四月に文化祭を設定して校外者はあまり来られないようにしたり（光塩女子学院）、いつまでも帰らない男子に対して先生が放送で「早く帰りなさい！」と呼びかけたりすることもある（白百合学園）そうです。また、田園調布学園の場合はもっとダイレクトで、文化祭で彼氏を連れてきた生徒がイチャイチャしていると屈強な体育教師がやってきて、「兄ちゃんごめんな」などと言いながら女子を連れ戻すそうです。それでますます二人の仲は燃え上がりそうですが……。

ところで、女子校では、文化祭に男友達を呼べるのはステイタスだったりします。といってもチケットを誰にも渡すあてがない女子がほとんどで、ダフ屋のように校外で一枚五千円で売る人が現れたりします。学校の近くの道で「チケット売ってください」と見知らぬ男性が立っていることもあるとか。こうして関係者でもない不審な男性が文化祭に紛れ込んでしまうので油断できません。女子校のダンス部の公演では、体の線が克明に出るレオタードを着たり、はずみでポロリなんてこともあるので、盗撮が心配です。卒業生のYさんによると、白百合では、無理矢理入ろうとする男や、望遠カメラを持ってウロウロしている男、など毎年一人は不審者が捕まっていたそうです。学習院女子では、文化祭で不審者がみつかったら、校内放送で院歌が流れ、全校に注意を促すとか。しかし最近は望遠カメラを持った怪しい男性がいると思ったら「パパー!」と娘がかけよってきて、実は受験生の父親だったりして、いくら不審でもとがめられないそうです。ロリコン趣味の人もそろそろ中学受験生の父親になる頃……なのでしょうか。

文化祭に来場する男たちは、不審な男性も、男子高校生も、女子に対する欲望は一緒です。先生だけではガードが足りない場合は、生徒同士で守り合う、という心温まる実例もあります。吉祥女子出身のAさんに聞いたエピソードですが、可愛い子に男子が殺到した場合は、その子が男子に見えないように皆で囲ってガードしてあげたそうです。学校生活が女子だけでも充分楽しい学校では、わざと男子を仲間外れにしたり疎外感を与えることで、連帯感を強めることもあります。出し物で、女子の先輩にキャーキャー言って、ポカンと見ているだけの男子を横目に排他的に楽しんだりします。顔や体など表面的なものしか見ていない男子には、先輩の内面的な良さなんてわかりようもありません。

ところで、塾、文化祭、次いで出会いのありそうなスポットといえば街中です。ただ、話を聞くと、「渋谷はムリ。女学館や東洋英和の場所というイメージがあって、『ブサイク率ナンバー1』と不名誉な称号を与えられたことがあるうちの学校の子は気後れしていけなかったです。」（田園調布学園OG）という謙虚な意見や、「何かの雑誌で『ブスの多い女子校』ナンバー1に輝いた事があり、実際都会の女子校と比べると器量が雲泥の差でした。都会コンプレックスから、当時人気だった昭和第一高校の生徒に遊ばれてしまった子も何人かいました」（東京純心女子OG）など、繊細な女子たちは、制服や容姿に少しでもコンプレックスがあると積極的に街中には出ていけません。

制服が可愛い都会の名門女子校の生徒も、たいてい繁華街への寄り道は禁止されていたりします。私服の女子校の生徒は、放課後街を自由に歩けても、制服じゃないと浪人生に見間違えられるという落とし穴も……。一方、意外な出会いの場となるのが、電車の中です。田園調布学園OGのTさんは、当時の貴重な「電車de合コン」体験を語ってくれました。「友だち七人で電車の七人掛けの席を占領していたら、その中の可愛い子目当てに日大日吉の男子七、八人が集まってきて、座っている周囲を囲まれました。自己紹介の後、『カラオケでも行きませんか』と誘われて、そのあと合コンが実現しました。カップルが二組できたけれどすぐダメになってしまいましたが……」また、「痴漢に遭いたくないので友だちと電車で待ち合わせて一緒の車両に乗っていたら、それを見た男子が同じ時間に合わせて数人乗ってきて、合コン車両状態になります。月曜から金曜は電車が混んでいるので声をかけられず、すいている土曜に話しかけられグループ交際に持ち込まれることもあります」というケースも。男子もわざわざ早起きして女子に時間を合わせてくるなんて、若さのたまものという感じがします。体のある一点が起きる力でムリヤリ早起きしているような気もしますが……。異性交遊は、女子の恋愛願望だけでは成り立たず、男子のリビドーと合わさってはじめて現実のものになるのです。

冒頭に、図書館には名門校の男子がたくさんいると述べましたが、有栖川宮《ありすがわのみや》記念公園内の「都立中央図書館」、略して「トリチュウ」は港区近辺の私立校生徒にとって特別な社交スポット、他の私立校生徒にとっても憧れの場所だったようです。「広尾の中央図書館にはみんなよく行っていました」と言うのは聖心OGのMさん。「『今日トリチュウ行く?』が合い言葉で、トリチュウの透明バッグを勝手に持って帰って愛用する人もいました。そこで東洋英和や慶應の友だちが増えたのですが、図書館に行く途中、公園で順心女子学園（現・広尾学園）の生徒に絡まれたことがありました。男子と仲良くしゃべっていたら『オメエら、きどってんじゃねぇ』と因縁を付けられて……」スノッブな社交界オーラが、彼女たちの劣等感を刺激したのでしょうか。東京女OGのHさんは、「中央図書館の上のカフェは出会いの場」、白百合学園OGのTさんも、「広尾の図書館には遊び人が『お勉強しに行く』と出会いを探しに行っていました」と証言。

ここまで皆が「トリチュウ」に行っていたと言うなら、今も華麗な社交界がかいま見られるに違いない……と期待を胸に、二回ほど平日午後四時過ぎに現地に行ってみたのですが、すぐ近くの麻布の生徒が我が家のようにくつろいで勉強しているくらいで、聖心の女子も女学館の女子も全然いませんでした。もしかして、今はたいていの調べ物がインターネットでできるので、わざわざ小高い丘の上の図書館には行かなくなってしまったのかもしれません。時代と共に出会いの場も移り変わっているようです。ということは今は新たな出会いの場として「ネット」があったりするのでしょうか。

若い女子校出身者に聞いたところ、最近の高校生は、土日は下北沢や渋谷のカラオケルームを借り切って、私立の男子校や女子校で合同パーティをするそうです。最大で二百人くらい参加し、男子は早稲田や早実、慶應、麻布、開成、海城など、女子は学習院女子、白百合、女子学院、川村、十文字、共立、東京女学館などで、時間帯は昼から夕方六時と健全ですが（親にもカモフラージュしやすい）、お酒は主催者が近所の居酒屋で仕入れ、酔って乱れて酒池肉林状態だったとか。中では、コールの嵐、泥酔、そしてキス……が繰り広げられていたそうです。やはり最近は携帯で親を経由せずに連絡が取り合えるせいでどんどん風紀が乱れていってしまっています。嘆かわしいことです。

十数年前は、もっと牧歌的でした。男子と塾などで顔見知りになると、「数回目が合って運命を感じた」から、「都会の名門校の生徒」だから、という浮足だった理由でどんどん「好き」という気持ちが大きくなり、相手の学校の運動会に潜入して望遠レンズごしにじっとり見つめたり、相手の名前も知らないのにバレンタインにチョコレートを持って学校の前で待ち伏せしたり、という大胆だけれどどこかズレた行動力を見せます。女子校の生徒が気になる男子にアプローチする時、初対面なのに唐突に「私、心臓が弱いんです……」と告白した場面を目撃したことがありました。彼女の妄想の中では、病弱な乙女を守る優しい男子、というう少女漫画のようなストーリーが展開していたのでしょう。しかし、男子は若干ひいていたように記憶しています。

男子と接点の少ない女子校の生徒は、程度こそは違ってもたいていこのように夢見がちで、古い言い方をすれば「恋に恋している」のです。自分勝手に盛り上がって「恋愛をした」という思い出が残れば良いのです。男子が肉体的な関係を重視するのと反対に、女子は精神面を重視しがちです。高校時代、彼氏がいる友だちが「つき合ってるけど、気持ち悪いからキスとかはしたくない」と、よく話していました。前述の高校生合同パーティも、「キスまでだと信じたいところです。聖心女子学院のOGも「慶應の男子はジェントルマンだから絶対迫ってこない」などと言っていましたが、この年頃の男子が性欲が無いわけありません。たしかグラフで見ると十八歳が男性の性欲ピークだったはず……。きっと他で解消しているのです。本妻の他に愛人がいるように、簡単にやらせてくれる女子校のあてがあるのです。その悪しき習慣が大人になっても続かないことを祈るばかりです。

女子校恋愛脳チェック

□今も心のどこかで白馬の王子様を待っている

□仲が良さそうな男女を見ると絶対デキてると思ってしまう

□男性と友だちになるには下ネタを言わなければ、という変なサービス精神がある

□勝負下着を用意しているが使ったことはない

□男性と知り合うと、恋愛対象外か恋愛相手候補かの二つに分けてしまう

□男性が集団でいるとつい避けてしまう

□同じ年頃の男性が苦手。自分の良さをわかってくれるのは年上男性か外国人男性

□酒の席で女はお酌をするのが当然と思われるとムッとする

□男性に三秒以上見つめられると好意を抱かれていると思い込む

□肉体交渉を持った男性とでないとタメ口で話してはいけない気がしている

チェック数が多いほど女子校的で恋愛に関しては奥手ですが、だからといってとくに良いこしはありません。卒業後五、六年もすればこの傾向は薄らいできます。

女子校男性教師の処世術

女子校の男性教師の目から見た、知られざる女子校の実態はどんなものなのでしょう。女子校女子との付き合い方について第三者の視点からのご意見を賜りたく、某有名私立女子校の国語教諭S先生（30代・妻子持ち）に話を伺いました。

Q　女子校教師になったきっかけを教えてください。

A　とくに女子校教師になりたいと思っていたわけではなく、たまたま応募したら採用されました。

以前は男子校の教師だったので、最初はカルチャーショックでした。生徒たちは筆箱に色とりどりのペンを入れていて、黒板のチョークの色を変えると、合わせてペンの色を変えるカチャカチャという音が背後でするんです。それも教室中で。こんなにまじめに聞いていてくれるんだと感動しました。

Q　男性教師としてやりにくいところはありますか？

A　男性なので前の授業が体育だと、着替えるのに時間がかかってなかなか授業が始められないというのはありますね。終わるまで外で待たされるんです。間違って入っちゃった時は目をつぶって出て行きます。

Q　女子校には独特の匂いがあると聞きました。ある人は体育マット＋生々しい生き物の臭いがすると話していましたが、先生は何か匂いやフェロモンを感じられますか？

A　女子校の匂いですか？　とくにフェロモンは感じないというか、夏になると制汗剤の臭いがキツいですね。よくあの中でメシ食べられますよ。

Q　女子校で生徒にいじめられてしまう先生のタイプは？

A　あきらかに見下していたり、話をちゃんと聞かない態度は、生徒は敏感に察するので嫌われてしまいます。授業のレベルが低い先生も信用されないです。

いじめじゃないですけど、お茶目ないたずらは結構あります。教室に入って行ったら、全員セーラー服を前後ろ逆さに着て、うつぶせになっていたり……あれはびっくりしたな〜。

Q　女子校でうまくやっていくのに何かコツはありますか？

A　中高生に限らず、女性に対しては話を聞くというのと、一〇〇パーセント味方になるのが重要ですね。あとは全員平等に接することです。特別扱いとかひいきしたとかいうことに敏感ですから。あとは、女の子はすぐ泣くから、それをやられると困っちゃう。男が女泣かしてるみたいな構図になって悪者になってしまいます。

あと、下ネタを一切言えないのは困りましたね。教材の本に「パンティ」という単語がたくさん出てきて、朗読して連呼していたら、あとで「苦痛でした」と言われてしまったり……。

Q　男性教師はバレンタインデーにチョコをたくさんもらったりするのでしょうか？

A　バレンタインデーは、今まで縁がなかったので、正直最初の年はびっくりしました。机にチョコレートが山になってて……。他の先生で、イニシャルが刺繍してある白衣とか、名前入りのコップをもらった人もいるらしいです。お返しは、ホワイトデーの時期はちょうど学校が休みなのでうやむやに……。

Q　まじめな進学校のイメージがありますが、彼氏がいる子も多いのですか？

A　異性交遊に関しては、近くの男子校の生徒と付き合う子が多いようです。予備校や塾で知り合うのでしょう。面談で恋愛相談を受けることもありました。「予備校のあと、一緒に喫茶店に行ったけど目を合わせてくれなかった。あれはどういうことか」とか二時間くらいひたすら聞き役に徹したり……。

付き合っている相手が高校生か社会人かは持ち物でなんとなくわかりますね。社会人だと大人の女性のようにブランドものばっかりになるんです。そうなると友だちが心配して、最近あの子、生活が乱れてるらしいとか、財布に万札いっぱい入ってる、とか僕のところに言いに来たりします。でもほとんどの子は恋愛よりも受験ですね。

Q　女子同士の人間関係はどうですか？

A　友だち関係は、グルーピングやヒエラルキーなど、女子校ならではの辛いものがあると思います。学年の最初や学期のはじめは注意して見ています。クラス替えや席替えで一気にシャッフルされて、人間関係も変化するんです。新たに仲良い子ができると、前から仲良かった子が嫉妬したり、女子の友情は濃密ですね。仲が良いと思っていたら、片方が「もうおなかいっぱいで一緒にいるのが辛い」と相談してきたり。担任同士、この子とこの子は同じクラスにしないほうが良いとか話し合ったりします。クラス替えの時は名前を書いた紙を並べて、一日がかりで熟考します。

男子校の方が気に入らないと殴り合ったりして、あとくされなく、わかりやすいですね。女子は表面的には仲が良さそうでも、実は裏で傷つけ合っていたり……。とくにメールは証拠が残るし転送できるから気を付けなさい、人の悪口は書かないように、と日頃から注意しています。授業中、手紙を回すだけでなく、メールを一日数百通送って日常会話をやりとりしている生徒もいます。学校にいる間は電源を切りなさい、とは言っているのですが……。

Q　女子のグループはどんな感じなのでしょう？

A　おしゃれ系の派手な子は目立ちたがりで学校行事に積極的に関わってきますね。グループ関係がよく表れるのは修学旅行の時です。グループ分けをしたあとに席替えがあったりすると、人間関係が変わってしまっているので、途中でひとり行動してしまう子もいます。

男子の人間関係ではひとり行動もOKだけど、女子は厳しそうです。一人だと辛いのはお昼ご飯の時だと思います。だいたい三、四人ずつ食事しているのですが、どこにも入れない子がいたら、気の良さそうな子を呼んでそのグループに入れてもらうようにしています。

Q　女子校ならではの、先輩と後輩の禁断の関係が発展してしまうことは？

A　ありますね。自分の性別に疑問を持ってしまうボーイッシュな子がいたり。交際に近いところまでいって、親が気付いてどうにかしてくれっていう話になったこともありました。憧れている先輩と一緒に写真を撮りたいというくらいなら問題ないんです。

たまにカリスマ的に人気のある先輩がいて、彼女が出てくるだけで後輩は大騒ぎして、部活を体育館でしていると、目当ての子が押し寄せて体育館がいっぱいになったことも。手作りのチョコを渡す子とか、彼女を巡ってドラマが……。

同級生同士でもありました。あの時は片方が好きになって片方が逃げているという状況で、クラスを別々にしました。好きな子に手紙を渡したり付きまとっちゃう子はクラスにひとりふたりいても珍しくないです。

Q　女子校の弊害みたいなものは感じられますか？

A　妻も女子校出身なんですが、女子校の弊害は、まず、男を見る目が養われないということですね。男性と接する場面が少ないから鈍化しているし、アプローチ法もわからない。大学に入ってから男子生徒を意識しすぎて授業に集中できないとか、男性がいると挙動不審になりがちです。

あとは、社会をフラットに見られなくなるというのがあるんじゃないかな。文化祭の時も、実は陰で男性教員が力仕事をしていたりするんだけど、それに気付かず、女子だけで何でもできると思い込んだり、外の世界を知らないまま傍若無人キャラになってしまったり。名門女子校の生徒はプライドが高くなりがちです。「自分は国立大医学部の人としか結婚したくない。なぜなら遺伝子を守るため」と公言する子もいました。もう少し苦労した方がいいんじゃないかな、と思う時もあります。

Q 逆に女子校のいい点はありますか?

A それなりに才能を持っている子たちがお互い認め合う雰囲気があります。共学よりも男性の意識がないぶん自由に表現できる。あと、全部女子だけでやるという意識が強いですね。

Q 自分のお子さんを女子校に入れたいですか?

A 娘がいるのですが、女子校に入れたいとはあまり思わないです。女子校は人間関係がキツそうというのと、公立には公立の良さがあると思っています。高校を卒業して就職する人、ヤンキーになっちゃう奴とか、社会には本当にいろんな奴がいると、さまざまな価値観が学べるから。私立の人は、日本人は皆大学に進学すると思っていますから。うちの学校はお金持ちの子が多くて、おこづかいを月に十何万もらっているなどと聞くと愕然《がくぜん》としますね。夏休みに家族でパリに行ってきましたとか。親の年収は一千万円以上あるんじゃないかな。それに祖父母の財力もありそうです。

女子校は向いていないと言いながらも、誠実さと公明正大さで生徒から慕われているS先生。女子にはとにかく全員平等に接するのが重要のようです。クールで適度な距離を保っているのが、男性に生理的嫌悪感を抱きがちな難しい年頃の生徒にとってちょうどいいのでしょう。熱すぎたり、感情的だったり、女子校萌えだったりすると、生徒はひいてしまいます。男性教師にとって、好かれるか嫌われるかが運命の分かれ道……。最終的に、かわいいおじさんとしてムードメイカーに徹するのが安全かもしれません。

（二〇〇九年取材）

女子校恋愛事情 ～座談会～

女子校生の恋愛事情について、ぜひ男子からの意見も聞いてみたいと思い、つてを頼って場を設定させていただきました。進学校出身の男子ということで、適度にダサくて世慣れていない人が来るのかと、すっかり油断していたら、現れたのはイケメンでオシャレでいかにもモテそうな方々だったので焦りました。高校生当時、積極的に恋愛していただけあって、アメリカの青春ドラマに出てくるイケメン男子さながらのモテオーラが漂っています。しかも、現在は医者だったり、司法試験勉強中だったり、日の当たる道を邁進《まいしん》しています。彼らの前では、私は永遠に箸にも棒にもかからない女子校生……。十数年前合コンやフィーリングカップルで存在を無視されたトラウマがよみがえりそうになりつつ、モテ声、モテ顔、モテ職業を前にすると声が一オクターブ高まるのを抑えることができません。女の業を感じつつ、今回、話を伺ったのは千葉随一の進学校、市川高校出身の以下の三人です。

Hさん（二〇代後半。司法試験を目指し勉強中）
Sさん（二〇代後半。歯科医）
Kさん（二〇代後半。麻酔科医）

——当時の女子校生との思い出を聞かせてください。

H　Sはモテていて、当時、カバンに電話と名前をわざと見えるように書いてたよね。それで、よくラブレターをもらったりしていた。

——どこの学校の女子にラブレターをもらったんですか？

S　どこだっけ——近くの学校、和洋国府台だっけ。でも、僕にラブレターをくれたはずなのに、その一ヶ月後に近くのコンビニで男にオッパイ揉《も》まれてた。あれには女の子ってすごいなって思ったよね。

H　五、六人で集団下校してたら目撃したよね。尻も揉まれてた。

S　僕の経験で言うと、エスカレーター式の女子校の生徒は大学に上がると豹変《ひょうへん》しますね。

H　豹変した彼女と出会ったのは文化祭だっけ。

S　市川は一学年六百人もいるマンモス校で、文化祭に女子が来ると取り合いになるんです。

H　でもその中で目に付く可愛い子はほんの一握り。

——どこの学校の女子が来るんですか？　市川は都心部から離れているのにすごいバイタリティですよね。

S　嘉悦とか……。嘉悦の子はオレに乳首の写真を送りつけてきてアプローチしてきたよ。白いTシャツで川で遊んでいる写真で、乳首がスケてた。

H　当時の女の子はきっとそうやって思いを伝えてたんじゃないでしょうか。それで、文化祭に実践の子が来たんだけど、実践が来るのは珍しいんだよね。その中の一人がクミ。

S　クミとつき合うことになったんだけど、高校の時はすごい従順な子だった。犬みたいにオレについてくるの。でも、実践女子短大に入って変わってしまいました。女子大生になると酒を飲んだり、車を持つ男が周りに増えたりで、いつの間にか立場が逆転しちゃった。彼女のせいで歯学部を辞めました……。岩手の歯学部を辞めて、彼女のいる東京に戻って浪人生になったら「浪人生とはつき合えない」って捨てられて……。

――それは大変でしたね。でもまた歯学部に入り直せて良かったですね。ところで、自分たちで女子校の文化祭に出向くこともあるんですか？

S　予備校で女の子にチケットをもらって、山脇とかポン女（日本女子大附属）の文化祭に行ったよ。

――それはきっとカッコイイ男子を選んで渡しているんですよね。

S　多分そう。

H　僕は女学館のチケットをもらったけど、高校の時はウブで行けなかった。
S　もったいない、女学館のチケットは一万とか二万とか高額で流通してたのに。渋谷の白鳥と呼ばれてた女学館と比べられて、渋谷のカラスと呼ばれていた実践の文化祭に行ったけど、可愛い子が半分くらいもいた。
――やはり文化祭は出会いのチャンスなんですね。
H　向こうもナンパされるの待ってるんですよ。
S　大体どこの学校でもねるとんパーティみたいなものがあって人気だった。
H　慶應女子に行ったら、文化祭が終わる直前、一人の女の子に五人も行列してた。でも慶應女子の文化祭はつまらなかったです。慶應ブランドで団結してるから外から入るスキが無い。慶應女子は相手は慶應内で調達するし。冷たいんです。あからさまにこっちを見ているような、いわゆる「待ち」みたいな子がいない。
S　学習院女子の子は、ずーっと丁寧語で話していて気持ち悪かった。
――文化祭を回った中で良い思い出は何かありますか？
K　（病院の仕事を終えて登場）高三の時に好きだった子がいた目白学園の文化祭に行ったら、空き教室みたいなのがあって、そこで向こうのグループとオレらでいたら、急にその中の一人、結構可愛い子が「あ〜っ！　ＳＥＸしたい‼」と叫んでた。今思えばその時いっとけばよかったな（笑）。

――教室の空気を一変させるような一言ですね。実際乱交とかもあったりするんですか？

K　豊島岡の子と池袋のカラオケで酒飲みながら王様ゲームしたことがあるよ。氷を男女で口移しで渡していって、渡せなくなった人はアウトで飲まないとならない。さすがに本番はないけどだんだんエスカレートしていってＢくらいまで……。真面目な学校でもおかしな人っているんですよ。

――ところで女子校の文化祭で、他の男子校と火花が散ることもあるんですか？

K　ありますね。山脇に行ったらつまらなくてウダウダしてたんだけど、明大中野の男子がナンパしてるのが見えて、思わず「がんばれー！」って応援したら向こうがカチンと来たらしく、「やるか〜？」って。でも学校の中ではやめてと言われて、表に出てケンカしました。

S　明中はぶっちゃけオレら入ろうと思えば（偏差値的に）入れたっていうのもあって、ライバル意識があった。でも、知名度は全然向こうの方が上だけど。

――男子から人気の女子校はどこですか？　例えば制服の可愛さは重要なんでしょうか？

K　重要でしたね。冬でも白セーラーの女学館、白ブレザーの目白は人気でした。

S　制服よりもその子自身が大切というか……。
K　それはそうだけど、やっぱりダサいのはちょっと。
S　僕はやっぱりセーラーですね。
――相手の学校の偏差値は気になりますか？
K　周りの評価で、あそこの子とつき合ってるんだ、すごいなー、と言われるのが気になる人もいますね。僕たちはあまりなかったけど。
S　偏差値高いところは本命にせざるを得ないっていうのがあります。
K　そういえば、千葉の女子校で学校側から戒厳令が出たところがあったよね。保護者に向けて、「本校の生徒は周りの男子校から遊びと思われるケースが多いので注意してください」という話があったとか。乱れてる所はすごいね。廊下でおしっこしたり。S学院の子は、学校の窓からスカートを上げてパンツを見せてくれた。あと、A女子で、電球でオ〇ニーして中で破裂した子の話を聞いたことがある。
――偏差値や学校の格によって、「本命」か「遊び」かわかれてしまうのは切ないですね。塾では名門校同士が出会って交遊するのでしょうか。
K　出会いの場っていうとやはり塾だね。素性もある程度わかるし。

S　塾は女の子を探す場所。

H　講義は出ないんですよ。うちの学校は浪人が基本だから。

K　学校も全然受験指導しないしね。公立をリタイアして来たおじいさんの先生ばかり。

S　それで、塾に行っても仲いい子と談話室に行ってずっとしゃべってる。誰が誰を気に入ってるとか色恋の話がメイン。

――ということは女子の方も授業に出ないんですね。親の払った教育費が湯水のように溢《あふ》れてそのままドブに……。親も、子どもが真面目に塾に行っているからといって油断できませんね。ところで、女子校生とはデートはどこへ行くんですか？

K　公園とかよく行ったね。

――そこでは肉体的接触を……？

S　初体験は公園だったな。

K　暗くなった頃、コートをかぶせて行為に及んだり、トイレで合体、というのもあるね。

S　ベンチで女の子はスカートはいたまま、そのまま……とか。

H　若いからお金ないし、屋外というのもあまり気にならない。

S　制服のままラブホとかありましたね。大きいので相手に痛がられた。当時の女子校生は処女が多かったですよ。

H　実践のユリっていう可愛い子とつき合って、最後にオッパイ揉めて良かった。

K　ユリちゃんはチーマーの頭の彼女になって、多摩川の土手でやってたらしいよ。

H　僕とつき合っていながら横浜のナンパ橋という所に行ってナンパされて……そのままやっちゃった。

S　女子校生って、やりたい生き物なんですよ。純粋そうだけど自分からホテルに誘ってきたりする。デートが終わって「帰ろうよ」と言ったら、「まだしてないことがある」って。「何?」って聞いてるオレもわかってるんだよ。「ホテル。」「じゃ、いくか」って。女子高生は捨てたいんじゃないかな。

――処女を捨てると、雰囲気が変わるというのは男性から見てわかりますか?

K　そんな変わらない。向こうがHしたいと感じてる時点で、感覚的に変わらないと思うんです。

――相手の親にバレて大変なことになった体験はありますか?

K　とっておきの話がありますよ。高一の時につき合っていた子の家がすごく厳しくて門限もあって、でも公園でFとかしてたんだけど、泊まりで遊べなくてまだHしてなかった。向こうは早くやりたいわけだから、泊まりを計画して、共通の友人にアリバイになってもらって、その子の家に泊まりに行くことにしたんです。完璧な計画だったのに、向こうの親からの電話をその友達の親が取ってしまって……。こっちはHをしっかり成し遂げて帰ったら、うちの学校にまで連絡が来てて、半狂乱の向こうの親から「そちらの高校の生徒とうちの娘が一緒にいて帰ってきません。これ以上遅くなったら警察に通報します」という伝言が……。酷かったです。こっちばかり責められて。結局向こうの親は門限どころか外出禁止令を出したらしい。最初は女友達経由で手紙を渡したりしてたけど、結局疲れて自然消滅しました。

――当時は家電話しかなかったですから、大変でしたよね。

S　相手の家に電話するだけで緊張してた。ダイヤル回しかけて途中で切ったり……。

H　僕は公衆電話からかけてました。

――ということは、今の女子校生は携帯で直接男子と連絡が取れるので、昔より風紀が乱れていることは確実ですね。老婆心ながら案じずにはいられません。今日は本当にありがとうございました。

インタビューが終わり、彼らはさわやかな笑顔と共に去っていきました。取材のメモをしているのを見て「ゆっくりしゃべりましょうか？」と言ってくれたり、その心遣いは、さかんに女子と交遊してきたプレイボーイライフのたまもの……。女子の側から見ると、ガリ勉でマザコン気味の垢抜けない男子よりも、適度に遊んでいた過去のある男子の方が一緒にいて楽しいとは思いますが、思春期に刷り込まれた女遊びの癖は一生抜けないような危惧も感じました。

（二〇〇五年収録）

なめ子の早起き登校チェック
辛酸なめ子
埼京線の朝のラッシュは厳しい
こんなに早起きするの何年ぶりだろう…
朝8時市ヶ谷駅着
今から女子学生であふれる市ヶ谷駅の登校風景を観測したいと思います。
駅周辺図
麹町学園
女子学院
大妻
千代田女学園
東京家政学院
三輪田学園
市ケ谷
市ヶ谷には、このように六校もの女子校がひしめき合っています。
なので、格好の女子学生観賞スポット…じゃなくて、ここはご父兄のかわりに、風紀・安全性を確かめてみましょう。
8時5分
ゾロゾロ
あ、あの紺のブレザーは三輪田、セーラー服は大妻ね。紺のリボンは麹町学園かしら。
実はJG生
この人もJG
グレーのコートが目立つのは千代田女学園…ところでJGの生徒が見当たらないけど…？
制服の学校はマフラーでおしゃれを競っています。
あっ、スカートが短い!! しかも脚が長い!!
セーフ！
を出たところの階段は短いのでパンチラの心配はありません♥
8時20分
女子学生は減って、だんだん会社員・OL風の人が増えて参りました。
女子学生エネルギー
心なしか空気中に女子学生エネルギーが残留していて、それを吸ったせいか人々に活気があふれています。
では、日を変えて男子校が多い駒場東大前駅に行ってみましょう。
わくわく

『進学レーダー』収録

駅周辺図
駒場東邦
筑波大学附属駒場
日本工業大学附属
駒場東大前
周辺には、筑波大付属駒場、駒場東邦、日本工業大付属などの人気一貫校があります。
朝8時
駒場東大前
この場所に来るのは高1のバレンタインデー以来だわ…あの日は冷たい雨が降っていたっけ…
ドヤドヤ
ドキッ
あっ来た来た…見覚えのある紺の学ラン… 駒場東邦の生徒ね。
ハッ！もしかして、あの私服の男子は、筑駒生!?
十年前の筑駒生
ねぐせ
やばいトレーナー
今
こぎれいなカジュアルファッション
筑駒の生徒もずいぶんお洒落になったものだわ。ユニクロやGAPが普及したおかげ？
駒東は相変わらずクールな男子が多いようね。どんな会話をしているのかしら？
勉強ってどうやってしてる？
つめこむだけだとダメだよな。
ガーン
なんというマジメな会話!!
黙々
それにしても、いたずら盛りの年頃とは思えないほど、皆お行儀が良くておとなしいわ。
ゾロゾロ…
入試の時、お参りすると合格するというジンクスのお地蔵さん
筑駒の生徒が羊の群れのようにどんどん校門にすいこまれてゆく…
遅刻ギリギリなのは、いつの時代も遊び人風の生徒…
はだけてる
茶パツ
こういう子を見るとかえってホッとするわ…
通学路には青少年を悪の道に誘うような歓楽施設はなく、いたって健全です。
駄菓子屋さん
たこやき屋さん
一年に一回くらい早起きして、若者のエネルギーを吸収するのもいいですね。学校の近くに引っ越して毎朝散歩すると若返りそうです。

第2部

「女子校育ち」その後

三十代で女子校時代に
コスプレ退行

1　女子校っぽさって何？

女子校キャラ

オノ・ヨーコ、YOU、酒井順子、松任谷由実、中村うさぎ、いとうあさこ……皆、女子校出身者だと思うと何か通じるものがあるような気がします。彼女たちは、おそらく男性よりも女性の目を意識して表現活動している、それ故女性に嫌われにくいのでしょうか。

以前共学出身の女性が「男性にモテたいというのが仕事の原動力」と言うのを聞いて、ギャップを感じたことがあります。女子校出身者の場合は、男受けよりも、女子にモテたい、嫌われたくない、という意識で言動に注意を払います。中高を女子の中で過ごせば、どう言えば相手が怒るか、喜ぶか、女性の感情のツボがわかってきます。そつがなく女性からも好感度が高い女子アナは、女子校出身と見て間違いないでしょう。

「女子校に通って良かったことは？」という質問に、日本女子大附属出身のMさんは「女さばきがうまくなりました」と答えてくれました。おっしゃる通りです。女子校で過ごすと、女の感情のツボがわかると同時に、初対面でも警戒心を感じさせず、同性の心の隙《すき》に入り込み、うまく甘えることができます。この取材でも、何人もの女子校出身の方と会いましたが、だいたい皆人当たりが柔らかく、不思議と前からの知り合いのように打ち解けて話を聞くことができました。同性への敵意やライバル心があまり感じられないので、リラックスできるのです。反対に、共学出身の女性と初対面の時には、同性はライバルであるとみなしているせいか、アグレッシブなオーラを察して、こちらも身構えてしまいます。「男の趣味が同じ人とは絶対に友だちになれない」と共学だった人に断言されたことがありますが、男性が絡むとますます同性は敵になってしまうのでしょう。女子校の人は、同性を「○○ちゃんって可愛いね」「私は△△ちゃんの方がタイプかな」などと普通に容姿をホメたりしますが、共学の人が見たらただ気持ち悪いやりとりかもしれません。

「女子校出身者同士は第一印象でわかりますか？」という質問には、多くの女子校出身者は「わかる」と答えていました。話しやすい、ノリが似ている、女を惹きつけるツボがわかっている、などが女子校出身者の印象です。逆に、女子校出身の人は「相手が自分のことを理解してくれるはず」と思いこみがちという点もあり、就職試験で女子校出身と言ったら「女子校育ちはコミュニケーションの取り方がうまくない」と指摘されたという話も聞きました。六年間も一緒だとついなれ合いの関係になり、友だちのこともわかったつもりになってしまいます。また、以前、共学の人に女子校の印象を聞いたら「何となく気持ちが悪いイメージがある」という話でした。陰湿でドロドロしていそうというのがそう感じる理由だそうですが、しかし、女子校はドロドロした部分だけではないと断言できます。

女性だけの集団だと、宝塚のようになんとなく男役と女役にわかれてきます。女の中でも女度が高い女子は、長い髪で過度にフェミニンな雰囲気。女子校にこういうタイプばかりだと、感情の起伏が激しいため人間関係もドロドロしてしまいそうですが、他方、ボーイッシュなルックスで男っぽい性格の女子も発生するので、うまくバランスが取れるのです。つまり、サバサバした女子とドロドロした女子の両方いるのが女子校なのです。アメリカでカリスマ的な指導者は女子校出身者が多いと聞いたことがありますが、自分の中の男性性をうまく伸ばすことができたケースかもしれません。

共学校の場合は、男子がいて男性的な面を担っているので、女子は男子のサブ的な立場となり、自分の中の男性性を抑えて女性性を育むことになります。よって、共学の方が、女女した女子が多くなるような気がします。女子校出身者の共学に対するイメージは「男の前で女になれる」「男の前でブリッコすることを早くから身に付けている」と、男性への態度に不信感が見え隠れしています。しかしその裏には羨望の念があるのは否めません。共学という言葉に「青春」とか「憧れ」を連想する人も多いのです。私自身、共学では修学旅行に男子が女子の部屋に忍んで行く夜這いの風習があると聞き、うらやましく感じていました。異性交遊の面で共学の人にかなり遅れを取ってしまう焦りは大きかったです。

しかし、常に男性の目があるというのも想像すると大変そうです。思春期のガキっぽくて性的好奇心旺盛な男子は、女子の体の変化にめざとく、ポーチを持ってトイレに行けば「生理だ」とはやし立てられてしまうでしょう。女子校のプラスの点を聞いたら、「男子の目を気にしなくても良い気楽さ」を挙げる人が多かったです。「生理のとき、ナプキン等をコソコソとトイレに持っていく必要がない」（千代田女学園・20代）、「女子校ではロッカーに生のままナプキンを保管できる」（田園調布学園・20代）……聞いたところによると、共学の人にはスカートに細工して裏ポケットを作り、そこに生理用品を忍ばせてトイレに行ったりするそうです。しかし、生のままロッカーに入れるのは、不衛生かもしれません。

そう、女子校出身者は、恥じらいがなくなってしまうというのが最大のデメリットです。暑いと股を広げて下敷きであおぎ、男の先生が「やめてください」と懇願するような光景は大抵どこの女子校でも見られます。先生自身が女性への幻想を壊されたくないという悲鳴にも聞こえます。お嬢様学校の文化祭に行ったら、制服の短いスカートで大股開きの美少女がいて、目のやり場に困りました。女しかいない環境だと警戒心がなくなってしまうのです。

しかし、本能のままに自由に過ごせるのが女子校の良いところ。「スカートがめくれるのも気にせず教室で鬼ごっこをしていました」（豊島岡・20代）、「夏は暑いので、授業は上半身セーラー服、下半身ブルマで授業受けてました」（校名無記名・30代）、「放課後、各自毛抜きを持ってきて、お互いのムダ毛を抜いていたら、先生に見つかって怒られた。自由で、のびのびとした日々でした」（校名無記名・20代）、「性的探求がおおっぴらにできます。エロ雑誌を見たり、マイルーラをバケツで溶かす実験などをしました」（立教女学院・20代）というのは、男子の目があったら絶対不可能でしょう。

もっとエスカレートすると「クラスメイトの中には授業中に放尿した女子がいました。何事かと思って、その子の友達に事情を聞いたけれど『プライベートなことだから…』と話をはぐらかされました。生理が来ないと武勇伝のように語られたり、汚れ、ふしだらイコールイケてるみたいな風潮がありました」（T学園・20代）、「授業中『ぷぅ〜♪』とおもいっきり音域の高いおならをしてしまったギャル系の可愛いコが『おならしちゃったぁ〜』」（K学園・20代）と何の恥じらいもなく開き直ったという話や、トイレに行ったあと「今ね〜ゆうこがねー、トイレでこぉんなのシてたのぉ〜♪」と、自分のした大きい方の図解を黒板に書いた女子がいた（K学園・20代）という報告を聞くと、手遅れ感に十字を切りたくなってしまいます。こんな時にこそ先生に厳しく生活指導してもらいたいものですが、そういう学校に限って「大学受験や就職活動のある大事な時期に『妊娠したので、結婚します』という無責任な女教師」が担任だったりするのです。ふしだらな学校は先生も乱れていたりするので、理性の歯止めが効かなくなってしまいます。十代のうちから濃い経験ができそうです。

ところで、女子校においては「容姿において差別されない」というのも大きいです。男子は驚くほど女性のルックスに厳しく、不美人には冷たいものです。共学ではブスのレッテルを貼られ、萎縮してしまいそうな人も、女子校ではのびのび過ごせます。後輩から人気のある先輩が必ずしも美人とは限りません。しかし、頌栄女子学院出身のSさんが「女子大に入って、早稲田や東大のサークルに入ったら完全に容姿でしか見られず、女子校とのギャップに悩みました」と語っているように、快適な温室から出たら厳しい現実が待っています。「努力すれば幸せが手に入ると思っていたのに、世の中は容姿重視なんですね……」ここでも、中高で女を磨いてきた共学出身の人に差を付けられてしまいます。

容姿で判断されるのに加え、女子校内で普通にしていた野放図な振る舞いが、世間に受け入れられないことを知ってさらなる衝撃を受けます。例えば、人前でつい鼻をかんだり、かゆいから体をポリポリかいたりしていると、「えっ?」という男性の非難の視線にぶつかることがあります。ムダ毛除去やスカート、ヒールの靴、アクセサリーの必要性に気づくのも、共学出身者より遅いです。「人は女に生まれるのではない。女になるのだ」と言ったのはボーヴォワール（女子校出身）ですが、女子校育ちの女性は大学や社会で男性と接するようになってから徐々に女になっていくのだと思います。思春期に一気に女になってしまうより、遅咲きの方が、女力省エネモードで長持ちするかもしれません。

女子校キャラアンケート結果

〈質問〉女子校のプラスの点は？

●ネームバリューとかいやらしい面では良かったかなと思いますけど……（田園調布雙葉・20代）　●不良といってもたかが知れている（雙葉・30代）　●下ネタを言ったり、おおっぴらに性的探求できる（立教女学院・20代）　●イメージが良いのかバイトが受かりやすい（立教女学院・20代）　●親友ができた（光塩女子学院・20代）　●一番しょっぱい時期の男子を見ずにすむ。友情にヒビが入りにくい。暗黙のヒエラルキーが表面化しにくい（捜真女学校・30代）　●根性がすわる。校内レイプの危険性がない（山脇学園・20代）　●小学校の時よりおっとりした雰囲気が身に付いた（東京純心女子・20代）　●味わいぶかいともだちがたくさんできる（横浜共立学園・30代）　●物事をはっきり言えるようになる（田園調布学園・20代）

〈質問〉では、女子校のマイナスの点は？

●刺激がないぶん幅の狭い人が多い（雙葉・30代）　●同窓会を開いてもおもしろくもなんともない（立教女学院・20代）　●男子との接点が少ない。女同士は結構シビアで残酷な面もある（山脇学園・20代）　●言動が下品になりがち。夢見がちなまま大人になる危険がある（捜真女学校・30代）　●考えが偏る。男性に対して偏見を抱いてしまう（東洋英和・20代）　●とくにない。放課後は塾で共学気分も味わえる（豊島岡・20代）　●女子校出身の人は、自分を見せるのがうまいようで下手な人が多い気がします（校名無記名・20代）

2　女子校育ちの男選び

自意識過剰な女子校出身者

デパートのトイレに行こうとしたら、まちがって男トイレに入ってしまったことがありました。女性トイレと信じていたのに、目の前には下半身を露出した男たちが……！「キャー犯される！」と叫びそうになりましたが、よく考えると全面的に悪いのは男トイレに飛び込んでしまった自分でした。このように、男性がたくさんいる所に遭遇すると、自意識過剰にすぐ襲われると思ってしまうのは女子校育ちの弊害かもしれません。小学校から大学までミッション系女子校だった知人は、「スーパーで男性店員のレジには並びません。自分の口から入るものを男性に見られるなんて恥ずかしくて……」と、貞淑発言。ここまで過敏でなくても、女子校出身者の多くは、女子校時代、通学途中に痴漢に遭ったり、学校や親が男性の獣性を説いたりしているため、潜在的に男性に苦手意識を抱いているのではと推測します。

女子校によっては、世の中に男性など存在しないかのような純潔教育を押しつける学校もあります。白百合では、万年処女のシスターが異性交遊を厳しくチェック。登下校中近くの男子校の生徒と一緒に歩いている生徒がいないか目を光らせ、もし見つけたら尾行して後で始末書を書かせたり、文化祭では暗くなると男子に向けて早く帰るように校内放送したりと、異性交遊の芽をつぶすのに躍起になっているようです。神と結婚し処女のまま枯れていくシスターたちにとっては、色気づいた女生徒など見るも汚らわしい罪の生き物なのです。性教育は年に一回、「あんなので何がわかるんだろう…」（白百合出身・R子さん）というレベル。子どもがどうやってできるのかさえ詳しく教えてもらえず、とにかく堕胎はいかに罪かということばかり重点的に刷り込まれたそうです。それも、嬰児《えいじ》が頭を万力で砕かれるトラウマものの映像で、泣いてしまう子もいたとか。性についての話題はタブー感が強かったため、一級友同士、生理になったことすら隠していて、生理用品の貸し借りもなかったそうです。一般的にイメージされる女子校の光景で、夏場、股を開いてスカートの中に風を送ったり、生理用品を個室の仕切り越しに投げ貸し借りする、というものがありますが、禁欲的なカトリックのお嬢様学校になるほどそんな場面は皆無なのです。

東京純心女子では校名にたがわず純潔教育が徹底しています。なぜかおじいちゃん教師が、生徒を理科室に集め「いかに男は野獣か」ということをレクチャーしてくれるそうです。中三になった時に観せられる純潔啓蒙ビデオは、女性が外出前に口紅を塗るシーンから始まります。真っ赤な口紅をヌラヌラと塗りたくる若い女。家の窓が少し開いていて、下卑た笑いを浮かべた男がじっと覗《のぞ》いていることも知らずに……。彼女はそのまま後をつけられ、周りに人気が無くなった瞬間、森の中に連れ込まれてレイプされてしまうのです。扇情的な赤い口紅が獣の淫欲の引き金になってしまいました。「あれは恐かったですね。普通のホラー映画よりも」と、思い出して身震いするのは卒業生のN子さん。当時は先生に聞かされるまま「男はそんなに野獣なんだ……」と信じていたそうです。先生は、さらに貞操を守るためのさまざまな注意事項をおっしゃいました。「高校生の男子はとにかく野獣なので、万一部屋で二人きりになった時は必ずテーブルを挟んで座り、襲われても叫び声が外に聞こえるように、窓を五センチ開けること」また、「バイクの後ろに女性を乗せる男とは付き合ってはいけない」というのもあったそうです。バイク二人乗りという危険な行為に道連れにする男性は人間としてダメだ、ということらしいですが……。その先生はうるさいことを言う割に、硬派なところが生徒に受けて毎年バレンタインはチョコレートを山のようにもらっていたそうです。高校生男子の危険性を生徒に刷り込み、老け専にしてしまった老教師の功罪ははかり知れません。

禁止事項は学校によってさまざまで、一つ結びはうなじが見えるのでダメだったり、体育の授業のある日は黒と赤の下着は禁止だったり（先生も男だから、という理由で）、膝の裏側はいやらしい気持ちにさせるのでスカート膝下丈を徹底したり……といった例を聞くと、そういう決まりを作る先生こそいやらしい目で生徒を視姦しているのでは？　と思えてきます。脇毛を剃るのを禁止し、天然の貞操帯としている学校もあるという噂です。

このように異性との接触を厳しく禁じている女子校でも、同時に良妻賢母教育を行っているという矛盾があります。処女で受胎したマリア様の呪縛からいまだに逃れられないのでしょうか。

六年間、性の話や異性との交流を禁じられることの弊害は、先に挙げた以外にもいろいろあります。うぶな女子校生が遊んでいる男子校の生徒にいいようにもてあそばれてしまう話はよく聞きます。名門になるほど処女率が高く、直接的な性の話はタブーとなっていて、在校中お互いの武勇伝を語り合うことがないので、卒業してもなんとなくそのままセックスの話題は避けられる傾向にあります。晴れて大学生になって異性と接するようになっても、性行為について相談できる親しい友だちがいないため、ＡＶなどから過剰な情報を得て淫乱になってしまうケースがあるようです。もしくは、男性への嫌悪感が抜けないまま修道女並の禁欲的な日々を送ってしまう人もいます。

それを避けるためには、未経験でも耳年増になって性知識を蓄えておくしかありません。

賢い学校の生徒は、早熟なぶん性に対しても好奇心が旺盛です。桜蔭出身二十代のOさんによると、「桜蔭の子は妄想がすごい。まじめな子ほどオナニーとかしてそう」とのこと。処女率は話題になりますが、自慰率まで調べたら興味深い結果が出そうです。超お嬢様学校の田園調布雙葉でもフランス書院文庫やエロマンガの貸し借りがさかんに行われていたり、福岡雙葉でもボーイズラブ小説が回し読みされたりコンドームで水風船を作って遊んだりしていたそうで、年頃の少女たちは貞淑を装いながらも、内部では男子高校生並に悶々としているのかもしれません。ミッション系の学校では毎日の礼拝で、眠気覚ましに聖書の中のいやらしい単語（割礼、姦淫、肉欲など）を探す、というのは誰でも一度はやってしまうことだと思います。こうして性的ファンタジーはどんどん膨らんでいくのですが、生身の男性は3K（危険で汚くて怖い）という意識があるので、実際に性的な行為を経験するまでにはなかなか至りません。

男は野獣だと教え込まれた弊害は、意外に根深く、大人になっても治らない場合があるのが、男性への軽蔑心です。生徒と間違いを起こさないように、女子校には魅力の乏しい（キモい）男性が赴任されがちなのですが、そのせいで、男性は性欲まみれで頭が単純で気持ち悪くて知能的にも劣っているという女尊男卑思想が植え付けられてしまいます。たとえば、自立心を養う進学校系女子校の出身者は会話の中で自分の夫や彼氏を誉めることはめったにありません。それどころか男を軽んじ、バカにする発言ばかりです。例えば、私が同窓生に聞いた夫の話で印象に残っているのは、「今まで会った中で最も愚かな人間」「夫は労働者階級で勉強のやり方を知らない」「最近夫が刃向かってきて困る」「千円札あげるから電気消して、って命令してたら最近逆らうようになって……」ｅｔｃ…。自分よりも頭が良い男性か、マゾの男性か、もしくは外国人男性でないとやっていけません。決して、「男はバカよね」と演歌的な愛情をこめて言っているわけではなく、冷徹なあきらめ発言が多いのが特徴です。でも、こうやって男性をバカにして優越感にひたるよりも、男性をうまくおだててコントロールできる方が、メスとして賢いような気がします。それに気づいた時には、もう手遅れになってしまっているケースが多いのですが……。

男性意識調査

〈質問〉女子校で男子とあまり接していなかったぶん、社会に出てから男性を意識しすぎて自然に対応できなかったエピソードはありますか？

●合コンで態度が180度変わる人を見て、絶対に変わらないようにしようと思いました。皆にニュートラルに接していたら、色気が全く無くなってモテなくなってしまいました（田園調布雙葉・20代）●「男の人はそういうとこあるねー」など、問題を性差で片付けようとしてしまう傾向がある。いまだに大人数の飲み会で女ばかりで固まって座ってしまいやすい（捜真女学校・30代）●対応の面は普通ですが、予備校に通い始めると一目惚れの沸点が異様に低かった（大妻・20代）●意外とありませんでしたが、小学生男子の記憶のまま一気に大学で大量の男子と触れ合い、男子もそんなに嫌なやつらではないということに気付きました……（共立女子・20代）●友だちの話ですが、失恋をきっかけに精神的におかしくなってさまざまな男と肉体交渉するたびに電話で報告してきたり、タイの洋服屋の試着室で現地人と……とか常軌を逸した感じになってしまう人も（東京女学館・30代）●大学に入ったとたん"告白"してくれた男の子を、とりあえず振ってみて、もったいぶらなきゃよかったと後で後悔したことがある。だけど、今考えると相手も男子校出身だったのでとりあえず"告白"というのをしてみたかったんだろうなあ（女子学院・20代）●隔絶された女子校で生活していた反動で、卒業後アバズレになる人も多い（日本女子大附属・20代）

女子校育ちの男性観

女子校出身者は男性を見る目がない、とよく言われます。思春期の大切な時期に男性と交流がなかったからというのも大きいです。また、女子校では女子だけで力仕事をしたり、生徒会を仕切ったりしているので、男子なんていなくても大丈夫だと思いがちです。女子校の男性教師は頼りないので、男性への尊敬の意識が育ちにくいのです。大人になってもその傾向が続いた場合、自分が主導権を握れる、弱い男性やダメな男性と付き合ってしまうことがあります。もしくは、恋愛経験が乏しいため、夢見がちな王子様願望を抱いてしまい、見た目がいいだけの男性に惹かれてしまったり……。そんな女子校出身者に何か御助言をいただけたらと思い、精神科医の高橋龍太郎先生を訪ねました。まず、自立をすすめる女子校で育ったキャリア系女性がダメな男性にひっかかる理由について伺うと、

「そういう女性にとって、意外性は恋に落ちる大きな要素だからでしょう。ダメな男性ほど意外性を持っています。社会に背を向けて生きているような男性は、ダメさを武器に生きているので、女性は巧みに誘われ、自分しかわかってあげられないと思い込んでしまうのです」

たしかにダメな男性は母性本能をくすぐるところがあります。仕事に忙しく生きている女性は、発散どころのないエネルギーをダメ男に向けてしまうのでしょう。仕事で地位のある

男性が、キャバクラにハマったり、軽薄でビッチな女性に引っかかってしまうのと似ているのかもしれません。

「ずっと強い立場にいると、弱い立場と同化することでバランスを取りたくなるんです。マッチョな男性が、年下の弱い女性と一緒にいて落ち着くように。あと、男性が女性の見た目を重視するように、女性も男性を外見で選択することが許されるようになりつつあります。昔はメンクイの女性は非難されたものですが、今は女性が強くなりました。ルックスに惹かれるのは、優秀な遺伝子に惹かれて欲情するということ。女性が男性を見て欲情する世の中になったということでしょう」

たしかに最近は「萌え」という便利な言葉のおかげで、女性もスーツ萌えとかメガネ萌えとか、ライトに欲情を表現できるようになりました。しかし女性の場合は、年齢的な要因において不利だと先生は警告します。

「女性にとって恋愛は一大事なので、女性誌を見ると、恋愛についての記事が満載です。恋愛の情報戦については男性の方が不利ですが、年齢においては女性が不利です。二十歳の女性の価値が男性の年収一千万円に相当し、年齢が一歳上がるごとに年収が五十万円下がるという説があります。そうなると三十歳で年収五百万円の男性が合うことになってしまう。ただでさえ、三十まで仕事一本で生きてきた女性には、マーケットが狭まり、釣り合う男性は少ないです。本来女性は恋愛強者なのに、仕事で一線にいる女性は恋愛弱者になってしまいます。そういう意味では自立しているキャリア女性は、下方婚がいいのかもしれない。ペットを飼うようなつもりで、お金がなくてもおもしろい子やマッチョな子と付き合うとか」

結局、自分よりダメな男性としか合わなくなってしまうのでしょうか……。男性への敬意が抱けない↓感じ悪いオーラが出てしまって、プライドの高い男性を寄せ付けない↓結局、自己評価の低いだめ男（もしくはM男）が寄ってくる、という負のループにハマってしまいそうです。そこから抜けるために、男性への尊敬心をみなぎらせるにはどうしたら良いか、先生に聞いてみました。

「別に無理に尊敬する必要はないですよ。男性はもともと弱小の性で、遺伝子的にも女性のXX染色体にはかなわない、もろい種なんです。たまたま肉体が強いのはめぐり合わせです。そんな弱い存在である男性の中にひそむ弱さを探って、やさしい眼差しで見つめてあげるのが良いでしょう。かわいそうとか不憫《ふびん》とかつらそうとか、強さの中に弱さを発見した瞬間に恋愛は生まれるんです」

スキを見せたら恋が芽生えるとは、勉強になります。ただかわいそうというのではなく、まず男性の強さや長所に目を向けるのがポイントですね。

「男性の弱さが恋愛において克服されたことは一回もなくて、最近は立場的にも女性の方が有利になりつつある。なおかつ恋愛でハンターになるのが女性にも許される時代になって、ますます男性が萎縮してしまい、受動的な存在になりつつある印象がありますね」

アグレッシブな女性で、さらに男性よりも仕事ができて収入が高かったりすると、男性はプライド的に許せない気がします。

「自分より年収高い女性はイヤだと思う男性は多いです。そういうのは気にしない外国人男性などが向いているかもしれません」

たしかに、国際結婚なら通貨の価値も毎日変動するので、収入も比べづらそうです。日本の男性は女性の年齢をやたら重視しますが、欧米人はそんなにこだわらない気もします。

自立系の女子校出身者は、先程のお話のように、下方婚か外国人で手を打つしかないのでしょうか。それとも今後景気が良くなるのを待てば、日本人男性にも希望が……？

「この先二、三十年復活しそうにないですからね。景気後退している今は、自立心を養う女子校よりも、良妻賢母を育てる女子校の方がリアリティを持ってきている。今は男性を立てて依存して生きる方がラクでしょう」たしかに、二十代の若い女性の方が結婚願望が強いと聞きます。三十代で仕事中心できた女性には、過酷な世の中です。でも、先生の、「女性は強いので何があっても食べていけます。月収十万円でも生きていけるような支え合うネットワークもできています」という言葉に少し勇気づけられました。

ところで先生は男子校出身だそうですが、女子校同様、恋愛観に妙な影響はなかったのでしょうか。「男性は圧倒的にヘンになる（笑）。もう本当に美化してしまい、女性が神様みたいになります。向こうから女子高生がひとり歩いてくるだけで下向いて真っ赤になってましたね。自然に女子と友だち関係になるのに卒業してから一、二年かかりました」

女子の方は、その年頃の男子は性欲の塊だと思っていたりしますが、神格化しているとは意外です。

「実際は性欲の塊なんですが、生身の女性が目の前に現れた時、心と体のギャップが激しくて、切り裂かれ方が尋常じゃないので、身動きが取れなくなってしまいます。共学の環境になって一、二年経つと慣れて、恋愛できるようになるんですが」

おかしくなるのは男子校も同じだと聞くと、親近感が芽生えます。ちなみにこれも女子校の弊害なのか、男性へのまちがったサービス精神で下ネタを言ってしまうことがあるのですが……。

「女性に下ネタを振られたら、縮んじゃうね。やっぱり（笑）。関西ならギャグを連発してもいいかもしれないけれど、東京なら控えめにした方がいいです。ギャグで自己完結している人は恋愛対象にならないですね」

結婚式の二次会などで出会った元クラスメイトと女子校ノリで盛り上がっていると、男性が一切近づいて来なかったりします。気を付けなければならないことを男性の視点で指摘していただいて勉強になりました。いろいろ手後れかもしれませんが……。　（二〇一〇年取材）

高橋龍太郎　一九四六年、山形県生まれ。一九七七年東邦大学医学部卒。一九八〇年慶應大学精神神経科入局。国際協力事業団の医療専門家としてのペルー派遣、都立荏原病院勤務の後、一九九〇年東京蒲田に、タカハシクリニックを開設、院長となる。専攻は社会精神医学。現代美術のコレクターとしても知られる。著書に『あなたの心が壊れるとき』『恋愛の作法――精神科医の結婚のすすめ』など。

3 「女子校育ち」その後

雙葉学園同窓会潜入記

ある日、知人の若い女子に「私たちの同窓会に遊びに来ませんか？」と、誘われました。聞くと、彼女は雙葉学園に小学校から通っていたそうで、そういえばほのかにお嬢オーラが漂っているようです。女子校について取材している最中だったので、渡りに船と、有り難く伺わせていただくことにしたのですが、日にちが近づくにつれ（同窓生でもない無関係な女が、メモリアルな同窓会に踏み込んで行っていいのだろうか……）と不安が芽生えてまいりました。しかも年下の若いお嬢様の会合となると、浮いてしまう危険性が大です。そこで、誘ってくれた女子、Aさんと、同窓会に溶け込む方法について話し合いを重ねました。「偶然居合わせたふりをする」というのを提案したところ「貸し切りなのでかえって不自然になってしまう」とのことで、「DJブースがあるのでそこでDJとして参加する」のはどうかと提案いただくも、雙葉っ子が好みそうなCD（やはりクラシック？　もしくはミスチル？）を持っていないので断念し、結局「ゲストカメラマン」という、かなり怪しげな身分で参加させていただくことになりました。「同窓会に一人知らない女がまじっていても本当に大丈夫ですか？」

と重ねて確認したら、「雙葉生は天然系の人が多いので、警戒心というものがあまりなく、特に同性に対しては全くないと思うので大丈夫です」との心強い御返事をいただきました。

そして迎えた当日、会場のレストランに近づくと、華やかな女子の集団が目に入りました。道行く人々も、美女たちに目を奪われて「これは何の集まり？」などと言いながら通り過ぎていきます。そんなエレガントなソロリティに、枯れ枝のような自分が入ったらまずい気がしてきて、Aさんに「無理です、気が引けて入れません。やっぱり帰ります…」とメールを送ろうとしたところに、「あっ、お待ちしていました！」とAさん本人が現れ、誘導されるまま観念して出席することにしました。

同窓会の参加者は五十名前後で、パッと見た感じ派手すぎず、適度に流行を取り入れたキレイめファッションの女子が多いようです。いわゆるシンプリティ系の服に、ブランドのバッグなどを合わせていて、どこに出しても恥ずかしくない清楚なお嬢さんといった雰囲気で、彼ママにも一発で気に入られそうです。また、人数が多いのにしゃべり声がうるさくないのに驚きました。女が三人集まればやかましいというのが世の常識なのに、五十人集まっても声を張り上げずに会話できるなんて、雙葉生の育ちの良さがかいま見られました。

誘ってくれたAさんは、彼女の友だちのIさんによると、学年全体を取り仕切る「トップグループ」にいたそうです。どんな学校でも女子の集団には自ずとヒエラルキーが形成されます。雙葉でトップグループにいけるのは、成績が良いことが第一条件。そして、「自分の見せ方を知っている」ことも重要です。オシャレで洗練されて適度に押しが強い人気者グループ。そんな彼女たちと一緒に座って話していると、次第に自分まで人気者グループの一員になったかのような嬉しい錯覚を覚えます。ちなみにヒエラルキーで下になってしまうのは、オタクやビジュアルバンドの追っかけ女子だそうです。

ところで、雙葉は制服なのにどこでオシャレ感を出すのでしょうか。聞くと「カバン、マフラー、ポーチなどでオシャレに差を付けます」とのこと。「たとえばヒスグラ（ヒステリック・グラマー）はある程度の人じゃないと持てない雰囲気で、ポーチはエスプリやレスポが多いけど、たいていの子は地味な紺色、オシャレな子はピンクや蛍光黄緑とかの派手な色、普通の中でがんばる子は紫とか……」ということは、街を歩く制服姿の女子のマフラーの色や、カバンに付けたマスコットのキャラに、彼女が属しているグループだったランクが表れていたりするのかもしれません。Aさん、そして友だちのIさんはピンクのノースリーブの可愛い服を着ていて、卒業後もオシャレなトップグループだったイメージを保っているようです。

柱の陰から同窓会の様子を見ていると、仲良しグループごとに分かれてほとんど動きがありません。私も同窓会で身に覚えがありますが、卒業して時間が経つにつれ共通の話題もなくなり、近況報告をしたら特に話すことが無くなってしまうので、結局世間話レベルで話が合う仲が良かった同士で集まる傾向にあるようです。また、進学校になるほど優秀な女子同士のライバル意識やプライドがあるので、近況報告は探りの入れ合いになってしまい、あまり仲が良くない人に対しては何か聞かれてもお茶を濁したり、言葉少なになってしまいます。

雙葉の同窓会も若干その傾向があるようで、他グループとの交流は閉会直前になるまでほとんど見られませんでした。奥の席には、人気者グループが陣取り、片手にタバコをくゆらせているので、地味系の女子は恐くて単独では近づけない雰囲気です。しかし、実際は当時の体育の授業についてなど他愛ない思い出話で盛り上がっているようでした。キャリアウーマン系の優等生グループは「今度ＭＢＡ取りたくて資料を請求したんだ」などとアカデミックな話題で、地味でまじめなグループは先生テーブルを囲んでいました。同窓生のＴさんによると、本当に濃い人（社長の娘でけた外れのお嬢様など）は同窓会にはあまり来ないで、出席するのはおしなべて平凡な人ばかりだそうです。

それにしても美人が多く、五分の一くらいが女優級の上玉でした。超美人な女医の姿に世の中の不公平さを痛感させられましたが、美人の雙葉同窓生たちはとくにそれを鼻にかけず、武器にもしようとしていないところに好感が持てます。可愛い子がヒエラルキーの上位に行けるわけではない校風が、謙虚さの一因かもしれません。ヒエラルキーはあっても、いじめはないそうで、Tさんによると「裕福な家庭の子は心に余裕があるのでわざわざいじめなんてしない」とのこと。医者、弁護士、実業家の子女が結構いるそうで、本当は（経済的にも）働く必要がないのに、就職して激務にいそしんでいたりするそうです。以前話を聞いた、三十代の雙葉同窓生によると、当時は「せっかく頭が良いのにそれを生かさず、企業で一般事務の仕事をやったりして、仕事よりエリートの結婚相手を見つけることを重視する」人が多い傾向にあったそうですが、代によって傾向が違うのかもしれません。

同窓会のレクリエーションの一つとして、前もって紙を配布していた匿名アンケートの結果発表が行われました。「いま、恋人はいますか？」という問いに対して「はい」は十五人、「いいえ」は十八人、残りが無回答でした。無回答の多さに慎み深さを感じます。「好きな男性芸能人」は「一位・福山雅治、二位・伊藤英明、三位・オダギリジョー」、「好きな女性芸能人」は「一位・松嶋菜々子、二位・竹内結子、三位・矢田亜希子」と、普通にコンサバな回答。ここに挙げられた女性芸能人の三人よりも、雙葉生の方が清楚で身持ちも堅いと思われますが、芸能事務所やマスコミの作り上げたイメージを信じがちなところに素直さが表れているようです。

最後に、匿名アンケートの「今だから言える雙葉時代の秘密」が発表されました。「先生が教室に入ってくる前に教室の入り口にワックスを塗っておいた」「怒られて腹いせに教室のゴミ箱を蹴飛ばした」「校庭にタイムカプセルを埋めました」「早弁をした」「タイツを脱ぐのが面倒で体育の時タイツの上からトレパンを履いた」などの他愛ない懺悔から、「音楽室で先生と生徒が抱き合っているのを見ました」「〇〇さんがタバコを吸っているのを見ました」などの物議を醸す密告まで……。タバコを吸っている人気者グループへの当てつけでしょうか？　しかし先生は大らかに笑って受けとめているようでした。もう、先生と生徒ではなく、何でも話せる女と女の仲なのです。

アンケート発表のおかげで共通の話題が生まれ、旧交が程良く暖まったようです。同窓会終了間際になって、グループ以外の女子と携帯アドレスを教え合ったり、近況を伝え合う姿が見られました。そのまま過半数が二次会に参加したそうです。これからも毎年、十年、二十年、三十年と、お婆さんになっても、最後の一人になるまで同窓会は続いていくのでしょう。同窓会という風習があるかぎり女の友情は（表面的には）永遠です……。（二〇〇六年取材）

「思いやり問題」でお嬢様選抜

雙葉生の育ちの良さの一端を担っているのは、毎年のように出される「思いやり問題」と呼ばれるジャンルの問題です。

〈問題〉
春子さんは、となりの駅へ出かけるとちゅう、青葉駅のホームで、年配の女性から区役所への道順をたずねられました。春子さんの立場になって、わかりやすく道順を説明しなさい。

などという設問に、「〇〇の方へお進みください」といった感じで、敬語と丁寧語を駆使して答えることを要求されます。「八百屋さん」などとお店にさん付けすることも重要で、「わからなくなったら交番でお尋ねください」と思いやりを見せるとさらに高ポイント。思いやりや敬語の使い方だけでなく、小学生にしてネコをかぶれるかどうかで心の成熟度を測られるそうです。

女子校出身者と付き合うには ～座談会～

たまに、女子校出身者とどう接してよいかわからない、という男性の意見を聞くことがあります。当事者にはわからないので、客観的で冷静な識者の方々に、女子校出身者の取り扱い方を伺いました。

Tさん（五〇代。元妻と二人の娘が女子校出身）
Kさん（三〇代。女子校出身者とかつて付き合っていたが、現在は関係なし）
Hさん（三〇代。新婚で、妻と母親が女子校出身）

……………………

――今回はお集まりいただきありがとうございます。以前、Kさんから「女子校出身者は面倒くさい」という話を聞いて、とても興味深かったのですが、身近に接している人だからこそわかる部分をぜひ指摘していただければと思います。

K　そういえばそんな話が……。たしかその時、辛酸さん、メモってましたね。

――例えば「かわいいぬいぐるみとかを見ても、普通に素直に『かわいい』とか言わない」とか「生きづらそう」とか「考え方が素直じゃない」とか。耳が痛かったですが思い当たるフシがありました。

K　偏見とは思いながらも、「そうだろうな」と思うところはいまだにある。頑固で曲げないとか、かたくななところがあったり。そのへんは、逆にずっと一緒にいらっしゃる立場からするとどうなんですか。

H　僕はけっこう女子校の人と接する機会が多くて、まず母親が中学からずっと学習院なんですね。母親の姉もそうで、自分の奥さんも中学から実践ですから。歴代付き合うのも女子校の人がすごく多いんです。僕は思いっきり男子校っぽい、大塚にある巣鴨高校出身です。

――フンドシ遠泳が有名な学校ですね。

H　はい。ところで、昨日妻の中高時代の親友が家に来て、朝から買い出しに行かされてさんざんこき使われたんですが、その子がすごくイタいんですよ。

――何歳くらいですか。

H　今三十になったばかりです。昨日TVで「M1グランプリ」をやっていたんですが、うちのヨメさんとメールを見せ合ってヒソヒソしているので、「なになに?」って入っていったら、好きな男性と誰が優勝するか賭けをしているっていうんです。この内輪の盛り上がり方に女子校っぽさを感じました。ほかの人には見せない私たちだけのもの、みたいな。僕は彼女のイケメンにハマれどだいたい相手にされず終わるという恋愛遍歴を知っているので、どうせまたそうだろう、と思っているんですけど。強要されるんですよ。「どういう返事を書いたらいいかな？」と。すごく女目的《おんなめ》で、男からすると絶対違うぞっていうのを強要されてる感じがずっとあって。

――親友の夫だから、警戒心なくそういう相談をするのでしょうか？

H きっとそうなんでしょうね。ヨメさんとは長くて深い付き合いなので。だけど、なんて言うんでしょうね。自分を男目《おとこめ》で見れてない感じっていうか。もっと言うと客観的に見られてないのをすごく感じてしまって……。

――男の側の気持ちに立って考えていない。

H とか、男性から自分がどう見られているのかという発想自体も。悪く言うと、あまりかわいくない子なんですよ。なのにイケメンを追ってしまって、まわりの女の子は悪意なく「次はイケるよ」って応援しているのを見ると……。

K 悪意がないってのが怖いですね（笑）。

H 実は社会に出てしまうと、明らかに性格が悪くても美人がチヤホヤされたりするわけじゃないですか。見た目が良い子がモテるというのを受け入れなくて済む環境で育ったせいかなと思います。相手はヨメさんの親友なので、僕もちょこちょこ修正しようと婉曲的にブーメランを投げるんですけど、そのまま返ってきてしまいます。

――女子校では、女同士の人間関係でうまく世渡りする術を習得できるように思いますが、そのあたりはいかがでしょう。

H 女子校育ち同士だといいんじゃないですか。ただ、有力者の男性を狙おうとして共学育ちの女の人たちと同じ場に行かされちゃうと、女子校の人は気を遣えないことが多い。ちょっと偉い人のビールのグラスが空いたらすぐ注ぎに行くとかも、ボヤッとしていて気づかない、というようなことはあるかもしれませんね。

――気を遣うのが苦手というのは、けっこうあると思います。社会の中では不器用で、色仕掛けで成り上がったりするのは無理そうです。ずっと自分の夢や理想を追い求めて、留学とかをしまくって、自分探しを続けている人が多いような……。

H 恋愛にも当てはまりそうですが、その夢がうまくいけばいいんですけど、うまくいかなかったときにイタくなってしまいそう。でも、会社の同期で女子校出身の人は男性よりも優秀ですよ。男性よりもたくましかったり、社内恋愛で破局してもまったく傷つかない。男性のほうは引きずっているのに（笑）。ヒゲが生えそうな女性が多いです。

――男性と平等に働こうとかいうことばかり思っていて、社会に出たときに男性に対してかわいくないというか、生意気な態度を取ってしまう人って多いと思うんですよね。アメリカとかだったら、怖い女でもうまくいくような気がするんですけど、日本ではある程度かわいくないとダメなんですかね。どこも最終的には男社会。

T 男社会を支えている女社会。女に支えられている男社会でしょ。

K 女子校という女性社会で生きてきて、そのまま女性社会のやり方でうまくいくといいんですけどね。男性社会に自分を当てはめようとしてちょっとズラしたりするから、やりづらくなってしまう。

――どういうふうにすれば、うまく世渡りできるのでしょう……。

K 逆に、女子校にしてしまえばいいんじゃないでしょうか。

――自分のいる場所を。

K 自分の今まで生きてきた環境の延長線上で。

H でも、そうかもしれない。例えばうちの会社で化粧品を担当しているチームには、女性しか入れない。これは完全に逆差別なんですけど、今そういう企業って多いと思うんですよ。たしかにそこにいる女の子たちは、女同士のいやらしさもあるらしいけど、得意先もほとんど女性だし、みんな子育てしながら働いていて、居心地はいいと言っていますね。それも逆に不健全な気もしますけどね。

K 彼女たちにしてみれば、とてもラッキーな環境ですよね。ただ、やっぱりそういうところはとても見つかりづらいかも。今のこの社会が女子校育ち側に合わせて環境を用意したりしないですから。

——自分でその環境を探すか、作る。

K やりやすい環境を作ってしまえば、かなりいいポジションにいけるはずですよ。そこまでの道のりは男社会とのぶつかりが避けて通れないので大変だと思いますけどね……。下っ端の男の子とか、じわじわ小さいところから懐柔していくしかないのかな（笑）。

——Tさんは、たしか娘さんが女子校出身でしたね。

T そうですね。僕は今年五十六歳になりましたから、皆さんたちの恋人や奥さんの世代と、見方も付き合っている子も違う。たしかに僕の女房も女子校出身ですが、それが女の子の生き方を決定づけるのか？　ということに関しては、僕は非常に疑問をもっているんです。まあでも、そういう文脈の中で考えたとして、例えば娘は中学受験をしてF中学、高校を卒業していますす。大学はF女学院の英文科に行ったんですね。

——都内で有数のお嬢様学校ですよね。

T 女子校に行かせるというのは、別れた女房の発想なわけですよ。それが吉と出るか凶と出るか、あるいはそこで何か特性が生まれるかどうかは、母親の夢とか願望がすごく大きく影響しているように思うんですよ。

ただ、F中高だと、父親の平均月収が平均百万くらいだったかな。当時僕は五〜六十万稼ぐのがやっとで、娘二人が私立に入ってどうやってやりくりしようかと厳しかった時期がありました。ちょうど離婚もあったりして。そういう制限はあるわけです。

そう考えると、女子校生を決定づけるのは、まず母親の願望ね。それから、父親の収入。父親の職業やクラスによってもある程度は左右されるけれども、性格が決定づけられるのはそこの中で成立している家庭環境。特に母親同士の見栄というか戦い。それが娘にそのままコピーされて、精神世界を築き上げている気がしますね。

——母親がお嬢様学校出身だと、娘も早くお嫁に行って専業主婦になることを望まれそうです。

T だと思いますよ。だから、お嬢様的な昔の秩序の中で女子校に行って教養を身につけて、きちんとした人とお見合いに近いような形で結婚をして、いい家庭を築いて……というルートをイメージしながら娘を女子校に送り込むわけじゃない。ところが現実の今の社会はもうそんなルートは切れてぶっ壊れちゃってるから、母親とのギャップもあるし混乱も生じて、かなり厳しい状況にある。

H　仕事で若者に接する機会があるんですが、今の高校生ぐらいだと、女子校らしさ、男子校らしさがなくなってきていると思いますよ。例えば男子校だと、バンカラで勉強ができる開成高校ってあるじゃないですか。あそこの卒業アルバムをここ五年ぐらい見ていくと、毎年どんどんオシャレになっていくんです。昔は勉強だけやっていた子たちが、オシャレにも気を遣ったり、違う学校の子とも仲良くなったりしてきているので、いずれある年代以上が社会の主流を占めれば、この女子校、男子校論議というのはなくなるかもしれません。

――今は親のほうにも理解があって。数十年前なら子どもを女子校や男子校に入れる親は厳しくて、オシャレな格好をしたら「色気づくな」と怒っていたのに、今はオシャレな格好をさせてくれるようになった。親の収入が高いことも多いので、怖いものなしです。

H　ネットでつながっていることも大きい。例えば開成に行ったらかつては学ランさえあれば良かった。だけど小学校時代の友だちと携帯でつながっていて、「月一回くらいは会おう」となると、学校辞めましたみたいなヤツが意外にオシャレだけはすごい気を使っていたりとかして、そこで別のヒエラルキーができてしまう。いい具合で情報が回っているというか。親の階層とは関係のないところでだんだんバランスが取れてきている。

――プロフや学校裏サイトもありますし。学校に関係なく、オシャレ偏差値というか、イケてる子同士でつながっていそうです。

H イケてる子も、オタクとつながっていたりするんで。だからなかなか「女子校」みたいな、ある種とがった自分たちだけのワッペンを作りにくくなっているかもしれません。

K 二十代前半から後半の人たちが、たぶんきちんと冠がついた最後の女子校育ちかもしれませんね。

T そうそう。うちの娘が女子校に入ったのは、ちょうどバブルの前ですからね。

――その頃から比べると、携帯が普及したりで、処女率は確実に下がっていますね。ところで、女子校育ちのよいところってどこでしょう。

H 狭さの中にある居心地の良さですかね。所属している数少ない組織の人たちと狭く深く付き合う。その友情はすごく強固なもので、母親をみていると、中学からずっと友だち三人組で一緒にいて楽しそうです。

――居心地の良い環境を作るのがうまいんですね。

H　視野の狭さも感じますが……。例えば、自分が幼稚園生のときに家に電話がかかってきて、取ると「Hさんのお屋敷ですか？」って言う（笑）。うちは七十平米のマンションなんだけど……と思いながら「違います」って切ったらまたかかってきたりとか。その世の中知らなさ加減も、浮き世離れしています。

――Tさんはいかがでしょう。

T　就職に有利なことかな。役所には、女子校・女子大を出た子がすごく多いんですよ。公務員はそういうルートだと安心するんだよね。僕の娘も、「卒業してどうしようかな」と迷っているときに、経済産業省の臨時職員に学校推薦されていましたね。役所のほうでも「いやあ、一生懸命やってくれて」なんてかわいがってくれる。職場に似たような年上の女性がいると敵になって、別の部署に移ったりとか……。役所はそういうのが好きなの。

――女子校出身者の人は、百何年の歴史があるとか、そういうブランド感みたいなものは持っていてもいいかもしれません。名門お嬢様学校には、まだ充分ステイタスがあると思いますが……。

T　もともと日本の女子校って、欧米の影響が強いところが多いんじゃないかな。キリスト教系なんて、ヨーロッパの修道会が貴族の学校を模倣しながら、一つのミッションとして日本の中で作り上げてきた歴史がある。それはもうヨーロッパではなくなってきている文化だし、よく日本に残っているなぁと思うけれども。そういう社会的背景がだんだん希薄になってきてしまっていますね。

――女子校の内輪の世界では、学校の歴史や伝統を学ばされて愛校心が高まったりしているのですが、外の世界の人は全然知らないし、どうでもいいことですからね……。宗教がどうかということより、進学実績や教育理念が重んじられます。

T　学校の理念ってこれからも重要だと思いますね。その理念に沿って女の子たちをきちっと育てていき、生徒は生徒で学校に誇りをもってもらえるといいよね。

――あと、女子校には個性を伸ばせるという利点も。異性の目線を意識していたら、自由な発想をしたり、くだらないことに没頭できません。女性作家の方で女子校出身が多いのは、自由に妄想する素地が女子校で養われたからかもしれません。

H　就職でいえば、アナウンサーって女子校出身者が本当に多いんですよね。アイドルには少ないらしいです。

――アイドルのフェロモンというか自然な媚びは、女子校の人には出せないかもしれません。今日のお話の中では希望をもてることもあったりしてほっとしました。最後に女子校出身者に向けて何かアドバイスを……。

K やっぱり、内輪に強力な世界を作っていく力があるから、もうちょっとそれを外側に向けてみてもいいんじゃない？　っていう提案はしておきたいですね。女子校にはブランド感があるんだし、外に向けての自信をもってもいいんじゃないかと。

H 僕は逆に「狭いままでいろ」。「私はこれができるんじゃないか」とか「もっといいイケメンが」と色気を出さずに、身の程を知りつつ変わらずにいてほしい。だって、どんどん希少な人になっていくわけだから。昔ながらの女子校生みたいな人って大事だと思うんですよ。

T 僕はHさんと基本的に似た考えだけれど、さっきも言った「ブランド力」を大事にして欲しい。女子校のもっている社会的な順応力の弱さを逆に武器にして、高く売っていったほうがいいんじゃないかなと思うんですよ。だって、どの道バイキンだらけの世の中に順応してもしょうがないんだからさ。バイキンは寄せつけない！　くらいの強さで、包容力のある男をチョイスする。女子校に娘を入れる親は、結婚するまで面倒を見るくらいの心構えが必要なんじゃない？

――この本を女子校出身者のご両親にも読んでいただきたいですね。今回は貴重なお話、ありがとうございました。

（二〇〇九年収録）

「女子校育ち」その後

本の最初の項で、女子校を分類してみましたが、彼女たちは卒業後十年くらい経って、どんな女性に成長しているか想像してみました。

共学の中学・高校が増える中、女子校出身者はだんだん希少動物のような存在になっていくのでしょうか……。不器用だけれど、直感的に信じた道を突き進むこんな女性、もし見かけたら応援の念を送っていただけると幸いです。

深窓お嬢様系

大学卒業後に、親同士の付き合いがある財閥系商社の副社長の息子と結婚。目黒区の一戸建てで何不自由なく暮らす。近所の教会のバザーや礼拝の手伝いにまめに顔を出して人脈を築き、娘をカトリック系の女子校の初等科に入れることにもぬかりない。子育てに手がかからなくなってきたので、趣味で染め物をはじめた。習得したら自宅でサロンを開くのが夢。

お嬢様系

勤勉にコツコツ勉強する習性があるため、一流大から難易度の高い会社に就職。しかし多忙な生活で自分を見失いそうになって、スピリチュアルに目覚めてセミナーに通い、気づいたらホメオパシーやオーラ・ソーマなどの資格を習得。いつか仕事を辞めてヒーラーやカウンセラーになるのも良いと思っている。中高時代シスターに厳しく掃除をしつけられたので、整理整頓能力が身に付き、場の浄化が得意技。

温室、夢見がち乙女系

独特な校風の影響か、卒業後もマニアックなカルチャーに詳しくなり、誰も知らない昔の映画を知っていたりしてリスペクトを集める。中高時代、ピュアでストイックな生活だった反動で、卒業後に情熱的な男性にアプローチされると恋に落ちやすい。教会で知り合った男性と結婚するという、今の時代とは思えない出会い方をする同級生も。家庭におさまっても、日常の中にささやかな幸せを見つけられる。

良妻賢母系

人気の企業に就職したものの、忙しすぎて辞める。仕切り直して公務員試験でも受けようと思うが難易度の高さに挫折。合コンで知り合った一流企業の男性と結婚したものの、夫の浮気癖に悩み、ついにはもうしかたないと悟って、幼児の娘に「不倫はいけない」と語りかけて早期教育する日々。夫の両親を味方につけているので心のどこかでは大丈夫だと確信している。

モテ系

女子力の高さで大学もモテライフを送る。同窓生とは彼氏の仕事や収入などでも張り合い、気が抜けない。高収入の男性と不倫する人も。もともと実家も裕福（成金系)で、親に溺愛されて育ったので、男性にもお姫様扱いを要求。万一結婚後に夫の経済状態が悪化したら、すぐに見切りをつけて実家に戻れば、生活レベルを復活させることができるので、何に対しても余裕の人生。

努力型秀才系

勤勉な習慣は卒業後も保たれ、大学在学中に会計士の資格を取得。世の中の役に立ちたいという使命感があり、仕事の合間にボランティア活動も行う。最近は世界の貧富の差にも目が向いて、グローバル医療に興味を抱いている。休日でも折り目正しいブラウスを着用し、近所でも評判のお嬢さん。死ぬまできっと優等生キャラでい続ける。

性超越系

大学在学中にフランス語をマスターし、卒業後フランスに留学。そこで芸術の才能を開花させ、女としての魅力も芽生え、現地の男性に見初められて結婚。今は、デザインの仕事と子育てを両立させ、夫を尻に敷いて快適に生活している。同窓生とは音信が途絶え気味で、生死不明説まで出ているが、過去の人間関係にはしがみつかない主義。

おわりに

小学校の頃、ひよわないじめられっ子だった私が、しぶとく生き延びられているのは、自由な女子校で培った生きる力のおかげです。高校を卒業してもう十八年ほど経ち、同窓生とも年々疎遠になっていく一方ですが、連絡は取り合わなくてもどこかでつながっているような感覚があります。同窓生は皆ソウルメイトのような存在といっても過言ではないです。

この本では、二〇〇四年から長い年月を費やし、たくさんの方に取材&アンケートをさせていただきました。ｍｉｘｉで話を聞かせてくださる方を募ったのですが、取材させていただいた方、アンケートに答えてくださった方には、本当に感謝の思いに堪えません。七年以上かかってしまいましたが、皆様のおかげでこの本ができました。最後に、「女子校に行って良かったですか？」と聞いた答えを少し紹介させていただきます。

「よかった。子どもが生まれたら入れたい」（東京女学館・30代）

「はい。生まれ変わっても行きたい」（恵泉女学園・30代）

「よかったです。一生の友達と出会うにはやっぱり女子校でよかったと思います」（山脇学園・20代）

「よかったけど、共学の体育館の裏で初キスとかもやってみたかった」（雙葉・30代）

「思いますね。先生が教えることのプロ意識が高く、指導がすごく良かった」（桜蔭・30代）

と、質問したほぼ全員が「よかった」と答えていました。自然に媚を売れなくても、気が利かないと言われても、変な男性にだまされそうになっても、負け犬呼ばわりされても、女子校の美しい思い出や、伝統や儀式などの醸し出すブランド感を心の支えにすれば、サバイバルしていける……。女子校出身ではない人にも、この本からめくるめく女子校エキスを吸収することで、明日への活力や回春の原動力としていただければ幸甚です。

最後に、この本の執筆にあたっては、幻冬舎の穂原さま、進学レーダー編集長の井上さま、そして女子校（フェリス）出身の筑摩書房の金子さまに大変お世話になりました。ありがとうございます。また、座談会に参加してくださった方や、女子校について忌憚ないご意見を下さったプリグラフィックスの川名さまにもお世話になりました。皆様に心から御礼申し上げるとともに御多幸を祈念いたします。

ちくまプリマー新書156

女子《じょし》校育《こうそだ》ち

二〇一一年三月十日　初版第一刷発行
二〇一一年七月二十日　初版第七刷発行

著者　辛酸なめ子（しんさん・なめこ）
装幀　クラフト・エヴィング商會
発行者　熊沢敏之
発行所　株式会社筑摩書房
東京都台東区蔵前二-五-三　〒一一一-八七五五
振替〇〇一六〇-八-四一二三
印刷・製本　中央精版印刷株式会社

ISBN978-4-480-68858-3 C0236 Printed in Japan

乱丁・落丁本の場合は、左記宛にご送付下さい。
送料小社負担でお取り替えいたします。
ご注文・お問い合わせも左記へお願いします。
〒三三一-八五〇七　さいたま市北区櫛引町二-六〇四
筑摩書房サービスセンター　電話〇四八-六五一-〇〇五三